U0618915

教育信息化政策和总体规划论纲

联合国教科文组织　著

苗逢春　等　译

教育科学出版社
·北 京·

UNESCO—— 全球教育领导机构

教育是联合国教科文组织工作的重中之重，它既是一项基本人权，也是建设和平和推动可持续发展的基础。教科文组织是主管教育的联合国专门机构，在全球和地区的教育领域发挥领导作用，以推动各国教育系统的发展，增强其韧性和能力，从而服务所有学习者。教科文组织通过变革性学习引领应对当今全球挑战的行动，并在所有业务领域重视性别平等和非洲。

2030年全球教育议程

教科文组织作为主管教育的联合国专门机构，负责领导并协调2030年教育议程—— 旨在通过17项可持续发展目标在2030年前消除贫穷的全球运动的一部分。教育既是实现各项可持续发展目标的关键，同时自身也是单独一项目标（可持续发展目标4），即 "**确保包容和公平的优质教育，让全民终身享有学习机会**"。《2030年教育行动框架》为落实这一宏伟目标及各项承诺提供了指导方针。

联合国教育、科学及文化组织，丰特努瓦广场7号，75352巴黎07SP，法国

© UNESCO 2023

ISBN 978-923-500054-2

原版书籍名称：Guidelines for ICT in education policies and masterplans
联合国教育、科学及文化组织2022年出版

本出版物所用名称及其材料的编制方式并不意味着教科文组织对任何国家、领土、城市、地区或当局的法律地位，或对于其边界或边界的划分，发表任何意见。

本出版物表达的是作者的看法和意见；而不一定是教科文组织的看法和意见，因此本组织对此不承担责任。

协调者：苗逢春

作者：苗逢春、胡安·恩里克·伊诺斯特罗萨（Juan Enrique Hinostroza）、李莫莉（Molly Lee）、沙菲卡·伊萨克（Shafika Isaacs）、多米尼克·奥尔（Dominic Orr）、法比奥·塞纳（Fabio Senne）、安娜-劳拉·马丁尼（Ana-Laura Martinez）、宋基尚（Ki-Sang Song）、亚历山大·乌瓦罗夫（Alexander Uvarov）、韦恩·霍姆斯（Wayne Holmes）、本杰明·维格尔·德迪奥斯（Benjamin Vergel de Dios）

翻译：苗逢春、曾海军、苗苗

封面设计：许册册（Shanshan Xu）

封面致谢：Visual Generation/Shutterstock.com* and BRO.vector/Shutterstock.com*

内部图标：and4me/Shutterstock.com*; DStarky/Shutterstock.com*; Martial Red/Shutterstock.com* for Open School icon in Figure 2; Omnart/Shutterstock.com*; Shutterstock Vector/Shutterstock.com*; 图1、图3和图4系许册册原创

联合国教科文组织设计

印刷地：北京

摘　要

将技术创新视为教育领域的共同利益

几十年来，全球各国都在尝试利用信息与通信技术（Information and Communication Technologies，ICT）促进教育发展。这些由公共机构推动并涉及商业技术公司的行动计划却产生了诸如数字不平等进一步加剧以及高质量数字学习机会不均衡等矛盾。新冠疫情危机加剧了这一趋势：在2020年新冠疫情危机最严峻的时期，全球至少三分之一的学生无法获得远程教育。

本出版物旨在引导政策制定者在采用技术时提供人权保障；将包容、公平和性别平等视为解决方案的核心；将技术创新视为共同利益。基于以上原则，本出版物采用以人为本的视角，审视从低带宽技术到人工智能和互联网3.0或"元宇宙"等新兴技术的潜能。本出版物倡导国家政策应保护教师和学生的数字健康，减少和中和数字碳排放足迹，并避免"技术解决方案主义"。

本出版物提出了一个教育信息化政策规划框架以及选接式政策规划路线图，以引导对各地教育系统的数字化准备状态的评估、对学习者和教师的需求分析，进而规划有充足的配套资源支持的国家教育信息化方案。随后，本出版物还深入剖析了在教育的不同领域实施教育信息化的国家总体规划的典型范例。

在2020年新冠疫情危机最严峻的时期，全球至少**三分之一**的学生无法获得远程教育。

序言

© UNESCO

过去五十年中，信息与通信技术（Information and Communication Technologies, ICT）从实验室中的单一程序演变为由连接全世界的工具和软件所构成的网络，并被用以解决当今世界面临的诸多挑战。新冠疫情昭示世人：信息与通信技术已经成为保障教育这一基本人权的社会必需品，在一个危机与冲突更为频繁的世界里尤其如此。因此，应将信息与通信技术纳入公共产品范畴，以推动"可持续发展目标4——2030年教育议程（SDG4）"的实现，并借助信息与通信技术构建教育的共同未来。

自可持续发展目标4通过以来，随着其愿景"确保包容和公平的优质教育，让全民终身享有学习机会"被采纳，教育系统在实现各具体目标方面面临越来越大的压力。随着2020年新冠疫情的暴发，这些压力更加凸显。几乎所有国家都必须尽快找到能够支持远程学习的技术解决方案，以保证教育的连续性。那些在疫情之前尚未制定合理规划，并且尚缺乏充足资源支撑的教育信息化策略的国家，恰恰是疫情期间教师数字能力、数字教育内容和国家数字平台水平较低的国家，由此导致全球多达三分之一的学生在学校关停的一年多时间里无法接受教育。疫情带来的教育中断迫使政策制定者批判性地思考如何统整技术资源和人力资源，以转变传统的学校供给模式，建立更包容、更开放、更具韧性的学习系统。

联合国教科文组织秉承其作为教育信息化领域国际标准文书的召集人和制定者的职责。2015年通过的《青岛宣言》呼吁做出承诺，将在2030年之前，确保所有女童和男童，无论其残疾与否、社会经济状况或地域位置如何，都能够使用相互连通的数字设备，拥有针对性强和顺应需求的数字化学习环境。这一人文主义愿景在《北京共识——人工智能与教育》和《人工智能与教育：政策制定者指南》中也得以重申。教育中使用任何形式的技术，都应当以保护人权及尊重人的尊严，促进包容、公平以及性别平等，并支持社会的可持续发展作为基本指导原则。

此外，联合国教科文组织还与60多个会员国的政府机构合作，支持其国家教育信息化政策的制定与实施。本出版物意在借鉴这些会员国丰富的实践经验，以指导政策制定者以最佳方式将人文主义原则融入具有法律约束力的国家政策文件中。同时，本出版物也旨在帮助政策制定者对教育信息化形成整体性、以需求为导向的理解，并提供一个指导框架，引领信息与通信技术的应用，致力于应对实现可持续发展目标4的重要挑战。

具体而言，本出版物介绍了教育信息化从理念到实施的总体规划的完整路线图，并通过实例对国家教育信息化政策如何应对课程、评估、数字学习资源以及教育管理信息系统（Educational Management Information Systems，EMIS）等关键议题加以诠释。

本出版物与此前发布的《开放教育资源政策制定指导纲要》和《人工智能与教育：政策制定者指南》互为补充。这三份出版物应作为有机联系的（政策指导）组合来采纳使用。我希望，本出版物分享的经验以及倡导的教育信息化政策制定方向，能帮助联合国教科文组织会员国引领其教育和培训系统的数字化转型，致力于强化全体公民的人文素养和社会的可持续发展。

斯蒂芬妮亚·贾尼尼（Stefania Giannini）
联合国教科文组织教育助理总干事

致谢

《教育信息化政策和总体规划论纲》由联合国教科文组织未来学习及创新团队教育信息化与人工智能教育部门组织开发，有多位作者为此做出了贡献。

教育信息化与人工智能教育部门主管苗逢春规划了本出版物的整体结构和主要内容，起草了第1—4章和第6章，并与其他作者共同撰写了第5章。联合国教科文组织感谢以下专家在本出版物撰写、定稿及专业编辑等方面的支持：智利教育信息学研究所主任胡安·恩里克·伊诺斯特罗萨（Juan Enrique Hinostroza）、联合国教科文组织曼谷办事处前高等教育高级项目专家李莫莉（Molly Lee）、英国伦敦大学学院教育学院韦恩·霍姆斯（Wayne Holmes）。

联合国教科文组织还感谢以下部分章节的合著者：德国国际合作协会（GIZ）有限公司 Atingi 学习平台的高级顾问兼组件负责人多米尼克·奥尔（Dominic Orr）、南非教育信息与通信技术应用独立研究员沙菲卡·伊萨克（Shafika Isaacs）、巴西信息社会发展地区研究中心协调员法比奥·塞纳（Fabio Senne）、巴西信息社会发展地区研究中心国际合作网络协调员安娜-劳拉·马丁尼（Ana-Laura Martinez）、韩国国立教育大学教授宋基尚（Ki-Sang Song）、俄罗斯联邦教育发展研究所和俄罗斯科学院计算中心首席研究员亚历山大·乌瓦罗夫（Alexander Uvarov），以及知识社区公司[尤其是本杰明·维格尔·德迪奥斯（Benjamin Vergel de Dios）]。此外特别感谢莱斯特大学研究员斯塔马蒂娜·阿纳斯托普洛（Stamatina Anastopoulou）的贡献。

特别鸣谢以下专家及各位同行评议专家提供的批判性见解：克罗地亚学术与研究网络中心（CARNET）项目及管理主任多拉嘉娜·库佩莱斯（Dragana Kupres）、韩国梨花女子大学副教授苏孝贞（Hyo-Jeong So）。还要感谢以下联合国教科文组织成员对本出版物的审阅：联合国教科文组织教育信息技术研究所国家高级教育项目官员娜塔莉亚·阿莫丽娜（Natalia Amelina）、联合国教科文组织非洲国际能力培养研究所项目官员特木真·英吉达（Temechegn Engida）、联合国教科文组织曼谷办事处前教育信息化小组组长朴中慧（Jonghwi Park）。

此外，感谢教育信息化与人工智能教育部门的格林·亨德伦得（Glen Hertelendy）以及联合国教科文组织达喀尔办事处的项目专家范胡华负责协调出版本出版物；感谢珍妮·韦伯斯特（Jenny Webster）负责全文的审核和校对；感谢许珊珊负责版面设计。

最后，联合国教科文组织谨对中国伟东集团提供资金用以推动政府和机构制定教育信息化政策并促成本出版物的撰写和发行表示谢忱。

目录

图目录

表目录

专栏目录

1. 导言

1.1 教育信息化作为一种理念及政策基础

1.1.1 信息与通信技术

在本出版物中，"信息与通信技术"（ICT）一词涵盖使用数字化形式储存、检索、操作、传递或接收信息的所有产品或服务（例如：个人计算机、云服务供应商、社交媒体、电视和广播）。本出版物使用英文缩写"ICT"的单数形式表示抽象术语或单一技术，其复数形式"ICTs"仅在需要明确代指多个技术的少数情况下使用。

本出版物中提到的"教育信息化"（ICT in education）是指信息与通信技术与教育在多个领域的交叉应用，包括：教育方案的提供者将信息与通信技术作为**供给媒介**，提供或扩大学习机会；教师和学习者以信息与通信技术为**教学工具**，提高教与学过程的适宜性和教学质量；培养我们在技术日益发达的世界中生活、学习和工作所需的**信息与通信技术能力**或数字技能。

本出版物聚焦信息与通信技术在教育领域中的应用，但需要特别强调的是，**教与学不应由技术驱动**。与之相反，技术应该被用来促进教育，通过提供信息渠道并在人与人之间建立适恰的联结，以便更有效地组织教与学的过程。为此，应支持教育信息化用户——不论其年龄或背景如何——获得恰当的信息与通信技术价值观、知识理解和适当的技能，以实现用合乎伦理、公平、包容且有效的方式应用信息与通信技术支持教与学的过程。

1.1.2 对"教育信息化政策"与"总体规划"的定义

本出版物中所提到的术语"教育信息化政策"是一个广义的概念，它涵盖通过综合应用人力资源、硬件、软件、数字内容及应用程序等，扩大教育供给，提高教与学过程的适宜性和教学质量，并且提升数字技能的多种形式的公共政策。事实上，我们关注的是公共教育信息化政策，即由政府或公共机构制定，并被认可为具有一定法律约束力的公共文书。其法律效力可源于首长行政令、议会决议、部级法律文件或者机构声明等。本出版物所提出的教育信息化公共政策旨在促进全球治理文书在当地背景下通过或实施，并且发挥其效力，以制衡由数字平台或应用程序强加的私人治理，同时对利益攸关方的行为施以监管，从而保护所有教育信息化用户的人权、数据隐私与数字安全。此外，本出版物同时旨在利用技术创新在"可持续发展目标 4──2030年教育议程"框架内实现教育系统的全领域、跨领域或分领域战略目标，并且涉及2030年以后无论是正常抑或是危急情况下的教育未来。因此，本出版物汇集了各类教育信息化相关政策和总体规划，以创建一个政策规划与管理有机结合的政策要件组合（详见**第4章**）。

尽管世界各地的研究人员和政策制定者越来越多地使用新术语，如 "数字化学习"[1]、"（线上和线下融合的）混合式学习"（Hybrid Learning）[2]以及 "（面授和远程教学互补的）混合式学习"（Blended Learning）[3]，但"教育信息化"一词的使用仍十分广泛。例如，柬埔寨（Ministry of Education，Youth and Sport，Cambodia，2009）、中国[4]、莫桑比克[5]、韩国（UNESCO，2019c）、卢旺达（UNESCO，2019d）和新加坡[6]的"教育信息化政策及总体规划"中都使用了这一术语。为反映在教育领域中应用技术所需政策的宏观外延、跨学科性以及全领域或跨领域的特性，本出版物仍将"教育信息化"作为标准术语使用。

1.1.3 教育信息化政策的其他名称及侧重点

如**表1**所示，在界定教育信息化政策及总体规划的核心领域或其关键组成部分时，至少应涉及两个维度：各级各类教育以及教育的各个关键专题。本出版物的标题"教育信息化政策和总体规划论纲"体现教育全领域的范畴，意即包含各级各类教育以及与教育信息化应用相关的所有关键专题。

然而，当仅针对特定层次或特定类型的教育时，根据其涵盖或未涵盖的教育层次/类型，教育信息化政策往往有特定的名称或约定俗成的名称，包括数字化学习政策、电子学习政策或数字学校政策（如克罗地亚的政策重点关注"数字化成熟学校"）；数字赋能或教育转型政策（如2014年巴林制定的"教育中的数字赋能"政策）（Miao et al.，2016）。由于政府机构的职责和职权范围差异，一项政策有时会涵盖多个领域，譬如埃塞俄比亚2020年出台的"国家高等教育及技术和职业教育与培训信息化政策"[7]。此外还有"技术和职业教育与培训中的信息化政策"以及"借助信息化支持非正规学习的政策"。如政策围绕特定的专题领域展开，则时常将该专题作为政策的名称。例如，巴林和阿曼的"开放教育资源政策"（Miao et al.，2016）、"混合式学习政策"、"远程学习政策"、"人工智能与教育政策"，以及"数字技能发展政策"等。

在实践中，政策制定者通常会根据需求评估及当地的数字化准备状态，综合上述两个维度，来确定总体规划的重点领域。特定领域规划的具体案例，可参见**第5章**。**表1**旨在阐释如何找准不同专题的教育信息化政策在总体政策格局中的定位，同时与教育信息化政策整体适配，并分析这些教育信息化政策重点针对或可能遗漏了哪些教育类型和教育水平。

表 1 教育信息化政策、可能采取的政策名称及其不同侧重点

关键专题	独立政策或待整合进全领域的政策	政策的共同关切	教育信息化政策（覆盖以下所有类型的教育）				教育数字化转型政策（前瞻性的全领域政策）
			教育信息化政策分领域侧重点				
			基础教育	技术和职业教育与培训（TVET）	高等教育	非正规教育	
教育信息化政策专题	课程及评估	教师的信息与通信技术能力	其他名称：电子学校政策、数字学校政策、数字化学习或（在线和线下融合的）混合式学习政策	其他名称：面向技术和职业教育与培训的数字化学习或（在线和线下融合的）混合式学习政策	其他名称：高等教育数字化学习政策、远程学习或（面授和远程教学互补的）混合式学习政策	其他名称：有关成人信息化素养教育的政策、面向社区学习中心的信息化政策	其他名称：教育数字化政策、有关教育数字化和教育人工智能变革的政策、数字开放教育政策
	数字资源和开放教育资源（OER）		其他名称：学校数字资源政策、数字学校政策、开放教育资源政策	其他名称：面向技术和职业教育与培训的数字化学习资源政策、面向技术和职业教育与培训的开放教育资源政策	其他名称：面向高等教育的开放教育资源政策、基于开放教育资源的高校相关政策	其他名称：面向非正规学习中心的数字资源政策	
	数字能力培养		其他名称：中小学生数字技能培养政策、中小学教师数字技能培养政策	其他名称：面向技术和职业教育与培训学生的数字技能培养政策、面向技术和职业教育与培训教师的数字技能培养政策	其他名称：高等教育信息化人才培养政策、通过高等教育机构促进当地研发的政策	其他名称：成人及终身学习者技能再培训与技能提升政策	
	教育管理信息系统（EMIS）		其他名称：学校教育管理信息系统政策、整合教育管理系统和学习管理系统的政策	其他名称：有关技术和职业教育与培训的教育管理信息系统政策、使用数据监测技能需求的政策	其他名称：高等教育中的教育管理信息系统政策、整合基础教育和高等教育的教育管理信息系统的政策	其他名称：建立教育管理信息系统追踪终身学习途径与学习认证的政策	

续表

关键专题	独立政策或待整合进全领域的政策	政策的共同关切	教育信息化政策（覆盖以下所有类型的教育）				教育数字化转型政策（前瞻性的全领域政策）
			教育信息化政策分领域侧重点				
			基础教育	技术和职业教育与培训（TVET）	高等教育	非正规教育	
教育信息化政策专题	人工智能与教育	教师的信息与通信技术能力	其他名称：人工智能在学校教学中的应用政策	其他名称：人工智能在技术和职业教育与培训领域的应用政策	其他名称：人工智能在高等教育中的应用政策；人工智能研发政策	其他名称：将人工智能作为终身学伴的政策	其他名称：教育数字化政策、有关教育数字化和教育人工智能变革的政策、数字开放教育政策

1.1.4　公共政策在引领人文主义导向的教育信息化方面的作用

国家或地方政府政策是全球治理框架中包括教育领域在内的跨领域信息化治理的公共政策杠杆。全球治理框架由政府间治理、国家治理、民间社会治理以及私有治理组成（如数字平台和应用程序的供应商）（详见第 3.2 节：全球治理架构及其对教育信息化政策的影响）。应充分借助公共政策，确保采取国际公认的技术应用准则性文书所提倡的人文主义方法，以平衡或规范私营部门施行的治理，使终端用户获得有关合乎伦理且安全地使用技术的意识和技能。

只有通过制定需求驱动、结果导向、资源充实的教育信息化政策，以及协调教育领域、技术领域、政策经费保障领域及其他教育相关方的联合行动，才有可能发掘信息与通信技术的潜力，为实现可持续发展目标4提供支持（详见**专栏1**）（UNESCO，2015a；UNESCO，2015c）。

专栏1：《青岛宣言》

我们致力于制定明智的长期政策和战略，为实现更加优质的教育和改革学习方式挖掘信息通信技术的潜能。我们认识到，如果我们要让教育系统适合终身学习者——无论是儿童还是成人，使他们在网络化的知识社会中成长、在日益依赖技术的经济体制中获得成功，便需要重新界定学习成果以及组织、评估学习的方式。

来源：《青岛宣言》，UNESCO，2015a，第9条。

1.2 信息与通信技术在实现可持续发展目标4方面的潜力

在2030年之前实现可持续发展目标4是世界所有国家试图达成的宏伟目标。可持续发展目标4旨在"确保包容和公平的优质教育,让全民终身享有学习机会"。联合国教科文组织会员国在《仁川宣言》中对实现这一愿景做出了承诺。可持续发展目标4致力于促进受教育机会的公平性和广泛包容性,该目标将教育的平等尤其是性别平等列为保障受教育权利的优先战略。可持续发展目标4同时强调,在扩大受教育机会的同时,必须采取措施确保学习的质量及适宜性;该可持续发展目标同时也更加重视优质终身学习机会。

这一愿景及其包含的深刻而多元的具体目标对所有国家,尤其是那些与2015年全民教育目标差距很大的国家提出了巨大挑战。然而,要想实现可持续发展目标4,不仅需要增加教育公共支出,更需要扩大受教育机会、提高教育适宜性和质量并实现终身学习的创新模式。正因如此,在支持实现可持续发展目标4所需的诸多创新中,人们普遍认为信息与通信技术在推动教育转型方面可以发挥重要支撑作用(见**专栏2**)(UNESCO,2015b)。

专栏2:《仁川宣言》

我们承诺在所有环境中以及在各级教育中促进优质的全民终身学习机会。它包括公平获取和扩大优质的职业技术教育与培训以及高等教育和研究,并适当注重质量保证。此外,提供灵活的学习途径,承认、验证和认证通过非正规和非正式教育获得的知识、技能和能力也很重要。我们还承诺确保所有青年和成人,特别是女童和妇女达到一定的、公认的实用识字和计算的熟练水平,获得生活技能,向他们提供成人学习、教育和培训的机会。我们还承诺加强科学、技术和创新。必须利用信息通信技术来加强教育系统、知识传播、信息获取、学习质量和效果,并提供更加有效的服务。

来源:《仁川宣言》,UNESCO,2015b,第10条。

《青岛宣言》(UNESCO,2015a)概述了信息与通信技术在加速实现可持续发展目标4和转变其实现方式方面的潜力,具体可归纳为以下几个方面。

1.2.1 扩大受教育机会并促进包容

目前，实现全民获得学习机会仍然是一项重大挑战。而信息与通信技术可以提供更灵活的新方式，使得公众有机会访问高质量的教学内容和其他教育资源。信息与通信技术促生了不以师生同时空为基础的教与学方式。这对于来自边缘人群、贫困地区和弱势群体的学生尤为重要。只需具备最基本的数据基础设施和数字设备，就可以使用基于信息与通信技术的方法为那些因冲突或自然灾害以及全球卫生紧急状态而导致教育活动濒临中断的地区继续提供教学和技术培训。即使数据基础设施或数字设备不可用，也可以通过广播、电视甚至社区宣讲的形式提供教学。

1.2.2 提高学习的适宜性和质量

高质量的学习环境是取得积极学习结果的关键，而积极的学习结果是所有社会成员追求良好生活的基础。信息与通信技术具有从多个方面提高学习质量的潜力：它可以为学习者获得数字素养能力提供支持，这是在当今社会取得成功的基础；可以鼓励积极主动学习和基于问题的学习，从而脱离相对单一内容（例如教科书上的知识）的学习；还可以将学习场景扩展到学校围墙之外，鼓励与当地社群的互动以及促进全球学习者之间的协作。为此，须借助信息与通信技术帮助教师学习必要技能和提升相关能力，以协助教师在其职业发展中不断适应以学习者为中心的教育系统。社交网络可以帮助面临相同挑战的教师开展同伴互助。开放教育资源、开放数据以及开源程序在支持教师和学习者共同开发和改编他人开发的数字工具、教育资源和数据集等方面至关重要。这种开放的学习理念要求进一步评估和调整教育质量保障机制，以确保学习者获得受到就业市场及其他场合认可的高质量学习机会。

1.2.3 建立信息与通信技术增强的终身学习途径

终身学习是一项基本人权：每个人都可以在正规教育系统之外按需学习、随时学习，包括那些辍学后有意返学的人，以及那些因为就业市场需求变化或个人发展目标而希望得到技能提升或技能再培训的学习者。信息与通信技术具备提供更灵活的学习平台的潜力，通过整合正规和非正规学习为学习者提供更个性化的学习途径。同时它还可以促进学习共同体的形成，增强学习者的学习体验。这些信息化终身学习范式需要对学习评价和认证方式进行改革，以支持学习者取得对其终身有益的成功学习历程的记录。

1.2.4 强化教育和学习管理系统，增强学习过程监测

信息与通信技术能够提供有关学习者及其行为与成绩的数据。这些数据有助于循

证政策与实践的改进。可收集和应用所谓的"大数据"以提供有关哪些方面有效以及哪些方面无效的证据。教育领域的行政统计通常只关注诸如年度的入学人数或教育证书的颁发数量等宏观上的"行政管理事务"，如果将"大数据"应用其中，将会促发教育管理的极大改进。由此出发，各国政府须制定相应的政策和制度，以确保安全、恰当和合乎伦理地应用数据，其中包括保护学生个人身份信息的隐私性和机密性。

教育管理信息系统作为一项信息与通信技术工具，能够在教育决策周期内快速提供上述数据。至关重要的是，须认识到（传统）教育管理信息系统仅能为有限的教育活动提供管窥的参考数据，而不能由此判断教育的全貌。但利用人工智能与大数据技术增强教育管理信息系统，可为监管和评估学习的某些方面提供及时、系统和高质量的证据。《北京共识——人工智能与教育》（UNESCO，2019a）认为，因为人工智能主要关注数据的有效性和适应性应用，它将不仅是变革的潜在加速器，还有可能成为跨部门的政府整体协调应用数据的推动器。但如果在人工智能教育应用策略实施过程中，没有对教育领域应用数据算法和机器学习等潜在的机遇与风险进行周全考虑，上述潜力将不可能变为现实。

1.3　新冠疫情与教育信息化：政策规划是一个长期过程

在过去几十年中，世界各地不同形式的教育在应对社会、经济和技术领域快速变化做出调适方面，面临越来越大的压力。自2015年通过2030年可持续发展目标以来，不断加剧的气候变化及其带来的自然灾害，以及日益频发的流行病、日渐猖獗的政治极端主义，都加剧了本就存在的不平等现象，威胁着社会团结。这些压力随着2020年2月新冠疫情的暴发和蔓延达到了顶峰。这一流行病给教育系统造成了前所未有的破坏。联合国教科文组织的数据显示，截至2020年底，全世界190多个国家中有近16亿学习者受到危机最严峻时期教育机构关停的影响，这一数据占了全球学习者数量的94%。联合国秘书长安东尼奥·古特雷斯（António Guterres）在2020年8月警告称，数以百万计的学习者面临着前所未有的教育危机这一事实，将是一场"一整代人的灾难"[8]。

几乎所有国家都采取了在线课程与电视或广播节目相结合的形式，以支持学校关停期间的学习连续性。而远程学习方案的覆盖范围和实施效果成为对各国教育信息化政策及实施情况的一次大考（UNESCO，UNICEF and the World Bank，2020）。在疫情之前的教育信息化战略缺少良好规划、缺乏配套资源的国家，恰恰是疫情期间教育信息化资源不足以及教师数字能力、数字化学习资源和国家教育平台方面的准备程度较低的国家，进而导致全球有三分之一的学生在学校关停一年的大部分时间里无法获取远程学习机会。疫情带来的长期社会经济影响甚至更为严重：据估计，全球失学儿童数量可能至少增加了2400万（UNESCO，2020b）。各国教育系统应该为应对一个在未来几年危机事件和流行病更加频发的世界做好准备。当务之急是政策制定者转变思维方式，改变学校教育模式，制定富有远见的政策和战略，整合技术与人力资源，构建更包容、更开放、更具韧性的学习系统。

虽然政策制定通常是被动反应的，对于包括新冠疫情在内的突发事件难以做到未雨绸缪，而只能事后响应，但教育的挑战往往持续存在，而非短期问题。因此，政策的制定需要包括规划和实施、反馈与更新在内的长期的迭代。鉴于此，许多国家的公共行政部门都制定了中长期的政策规划。例如，韩国（UNESCO，2019c）和新加坡[6]在近20多年来，每5年都会制定和更新下一阶段的教育信息化政策和总体规划。

1.4 联合国教科文组织关于教育信息化政策的准则性文书和指导纲要

联合国教科文组织始终致力于支持各国政府和教育机构制定各级各类的教育信息化政策和总体规划。截至目前，联合国教科文组织一直围绕其相互交叉的核心功能，为资源开发和技术支持提供全方位的指导：

- 制定国际准则性文书；

- 发布并分享在教育领域应用技术变革的知识指导；

- 专业技术支持及能力建设。

相关资源开发和能力发展方面的支持主要围绕以下行动领域展开。

1.4.1 全领域的国家教育信息化政策

- **国际准则性文书：** 2015年通过并以六种联合国工作语言发布的《青岛宣言》，为利用信息与通信技术实现"可持续发展目标4——2030年教育议程"提供了政策建议。

- **知识指导：** 在线"教育信息化政策工具包"[9]于2018年推出，该工具包旨在提供关于制定教育信息化政策和总体规划的专题领域知识以及包含实例和政策制定工具的分步骤指南。同年，《教师信息和通信技术能力框架》（第3版）发布（UNESCO，2018c），该框架为制定有关于教师在教学中的信息与通信技术应用能力建设的专题政策和总体规划提供了指导。

- **教育信息化政策和总体规划制定工作坊**：联合国教科文组织现已组织了 50 多场国家和区域工作坊，并为60 多个国家制定教育信息化总体规划提供了支持。

1.4.2　开放教育资源作为交叉的政策领域

- **国际准则性文书**：2019年发布的六种联合国工作语言版本的《开放教育资源建议书》（UNESCO，2019b），概述了促进开放教育资源的关键行动领域。

- **知识指导**：2019年以英语、法语和西班牙语出版的《开放教育资源政策制定指导纲要》（Miao et al.，2019）为政策制定者提供了有关开放教育资源的专题领域知识和制定总体规划的程序性知识。《开放教育资源：政策、成本与教学变革》（UNESCO，2016e）编录并分析了 15 项案例研究，以指导开放教育资源相关政策的制定。

- **开放教育资源政策制定工作坊**：联合国教科文组织自 2013 年以来组织了多场工作坊，为20多个国家制定开放教育资源相关政策提供了支持。

1.4.3　人工智能与教育作为交叉的政策领域

- **国际准则性文书**：2019年发布的六种联合国工作语言版本的《北京共识——人工智能与教育》（UNESCO，2019a）是该领域的首个国际共识，该共识为人工智能与教育领域的政策制定提出了建议。

- **知识指导**：2021年4月出版的《人工智能与教育：政策制定者指南》（Miao et al.，2021）为政策制定者提供了关于人工智能技术的必备知识、对人工智能在教育领域应用的效益风险分析，以及对现有人工智能战略，尤其是教育人工智能政策的评估。该指南还包含有关人工智能与教育政策规划的综合建议。此外，自2019年以来还出版了《面向人工智能时代的能力培养的综述报告》（UNESCO，2021b）以及关于人工智能与教育的案例集锦（UNESCO，2019e；UNESCO，2020e）。

1.5　本指导纲要的目的

本出版物基于人文主义指导原则和教育信息化必备知识，对上述准则性文书、知识指导以及技术支持加以补充，以指导如何制定系统、有效的教育信息化政策。本出版物的主要目标读者为掌握决策权的政策制定者，或国家/机构战略的制定者，以及直接参与政策实施的学校负责人。本出版物为政策制定者和机构领导者提供三套知识体系，这些知识是教育信息化政策制定中不可或缺的"支柱"。具体来讲，要帮助政策制定者达成以下目标：

- **了解**在教育中应用信息与通信技术的指导原则以及所涉及的专题领域知识，尤其是与信息与通信技术应用相关的效益–风险评估能力，以加强学习环境的供给和管理，并推动全民在不同场景下实现终身学习。这套知识以联合国教科文组织在教育中倡导的包容、公平和性别平等的核心价值观，以及利用教育信息化维护人权与尊严、可持续性社会和生态系统的人文主义方法为指导，评估在可持续发展目标4的实现进程中实施教育信息化的潜力与风险。

- **培养**建立逐步规划健全政策的程序性知识，将教育信息化的应用纳入公共产品，并引导战略行动朝着共同价值观的方向发展。这些指导意见为政府和机构提供了一个确立愿景和政策范围的综合框架，帮助它们制定并实施总体规划，通过"边做边学"的过程加强其对教育信息化核心专题领域知识的理解。

- **加强**对当地需求和准备状况等背景知识的了解，并明确在政策、方案和能力方面存在的差距。这些指导意见可以为政府和相关参与者提供在具体情况下的应对方式的参考，但并不强制。这些内容提出了能够激发批判性思维的基本问题，并提供相关实例，以促成相关技术创新或教育技术实践创新所需的合作研判。

1.6　本出版物的结构

如**图**1所示，本出版物分为五部分：导言、促进数字包容与挖掘数字创新的潜力、指导框架和指导原则、多方参与的政策与总体规划研制路线图、设计全领域教育信息化总体规划。

图1 设计全领域教育信息化总体规划

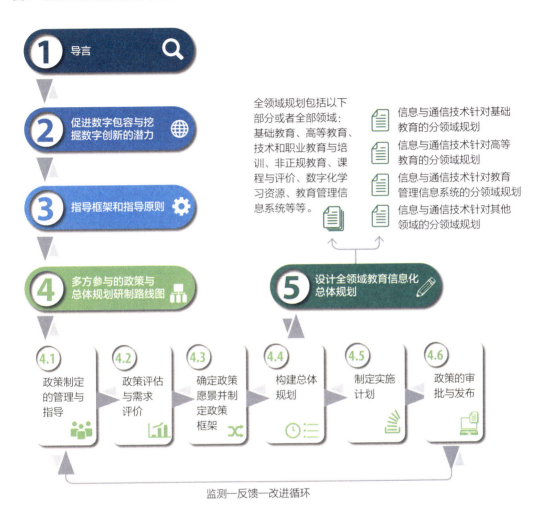

全领域规划包括以下部分或者全部领域：基础教育、高等教育、技术和职业教育与培训、非正规教育、课程与评价、数字化学习资源、教育管理信息系统等等。

- 信息与通信技术针对基础教育的分领域规划
- 信息与通信技术针对高等教育的分领域规划
- 信息与通信技术针对教育管理信息系统的分领域规划
- 信息与通信技术针对其他领域的分领域规划

① 导言

② 促进数字包容与挖掘数字创新的潜力

③ 指导框架和指导原则

④ 多方参与的政策与总体规划研制路线图

⑤ 设计全领域教育信息化总体规划

4.1 政策制定的管理与指导

4.2 政策评估与需求评价

4.3 确定政策愿景并制定政策框架

4.4 构建总体规划

4.5 制定实施计划

4.6 政策的审批与发布

监测—反馈—改进循环

第1章 导言

　　本章厘清了信息与通信技术的范畴，将教育信息化政策及总体规划定义为旨在确保教育领域的技术应用遵循人文主义原则的公共治理的"政策要件组合"。本章从学习机会、学习质量、终身学习途径和教育管理四个方面，评价了信息与通信技术在实现可持续发展目标4方面的潜力。此外，本章进一步罗列了联合国教科文组织为支持国家教育信息化政策和总体规划的制定而编制的相关文书和指导纲要。

第2章 促进数字包容与挖掘数字创新的潜力

第2章重申，促进数字包容是制定任何国家教育信息化政策和总体规划的前提和先决条件。本章建议，为了确保数字创新服务于教育领域的共同利益，政策制定者应以数字包容、人文主义及满足师生的基本需求为原则，批判性地审视数字化应用程序。本章将采用历史视角审查数字化应用程序和新兴技术。

第3章 指导框架和指导原则

第3章将提出教育信息化政策和总体规划的指导框架。其目标在于引领读者转变思维，建立更加开放、包容、能够应对危机的有韧性的学习系统，从疫情期间的技术使用情况中吸取经验教训。本章包含与指导框架相对应的指导原则，阐明了从以往的教育信息化政策及总体规划制定与实施过程中吸取的经验教训。这些指导原则有助于政策制定者更好地将人文主义愿景融入目标设定、行动规划及部门间的协调当中。

第4章 政策与总体规划研制路线图

本章介绍了教育信息化政策制定以及总体规划编写过程中的程序性知识，以确保政策的实施能够得到充足的资源支持和有效的监测。本章首先介绍政策指导原则，旨在启发政策制定者将国家政策视为生态系统，教育信息化政策的规划应与其他相关实践相协调。随后，本章概述总体规划的研制路线图及分步骤指导，重点关注政治背景因素，以及规划应当如何依据实施进展做出相应调整。本章旨在为政策制定过程搭建框架，并以其他政策为背景对每个决策进行评估。

第5章 设计全领域教育信息化总体规划

依据整个教育系统中有助于利用信息与通信技术扩大受教育机会和提高学习质量的因素，本章提出了以下几个具有重要战略意义的领域或分领域，这些领域或分领域应被纳入国家教育信息化政策和总体规划。

- **基础教育：** 基础教育学校系统中的每个人都应当能够利用数字设备、数字工具、学习材料及信息与通信服务来实现个人目标。他们应利用信息与通信技术创新教学方法，提高学校的包容性以及学校与社区需求的适应性，帮助学生取得学业上的成功，为他们成为自主且积极的全球公民奠定基础。

- **高等教育：** 应通过信息与通信技术在不同教学场景及高校管理中的应用，提高高等教育的质量、效率，扩大高等教育机会。技术增强的面对面学习、分布式学习以及（面授和远程教学互补的）混合式学习都能够提高教育课程的质量。

信息与通信技术能够通过帮助管理者及时决策，提高高校的行政管理效率。同时，信息与通信技术还可以通过随时随地的灵活学习方式，扩大非传统学习者和弱势群体接受高等教育的机会。

- **技术和职业教育与培训**：将信息与通信技术应用于技术和职业教育与培训有助于建立一个灵活机动的、专业的全民学习环境，能够基于劳动力市场上的行业标准和关键趋势提供最新培训。技术和职业教育与培训能够通过信息与通信技术和数字技术为全体学习者提供更加真实有趣的学习体验。

- **非正规教育**：非正规教育为继续学习提供了一条正规教育之外的重要路径，同时也是通往正规教育轨道中崭新学习途径的桥梁。数字化的非正规教育应当为处于不同环境中的不同教育水平的个体提供优质的终身学习机会。应利用信息与通信技术使学习途径更加多样化，进一步惠及弱势和被忽视的群体，包括农村青年和成人、妇女与女童，失学儿童以及残障人士。同时应当对通过非正规和非正式教育渠道所获得的知识、技能和能力予以认可、验证和认证。

- **课程与评价**：应不断评估及调整课程体系，确保学习者具备所需的数字能力（如知识、技能、态度等），并帮助学习者善用信息化社会带来的机遇。此类课程体系应恰当地融合信息与通信技术，在其课程标准中涵盖指导意见，并为评价提供相应的信息，从而实现整个课程的学习目标。课程体系还为新教师提供专业发展机会，使他们能够将信息与通信技术融入专业实践。

- **数字化学习资源**：数字化学习资源应包括一系列与国家课程体系对标的在线资源。其呈现方式可以是单一模态的或者多模态的，可以是静态的，也可以是动态的。所有师生都应当有权限访问那些因地制宜，能够适合用户需求、当地文化和教育背景的高质量数字化学习资源。这些资源应易于获取、管理、共享及查找，并通过普遍认可且切实有效的质量保障机制加以监控。这些资源可以被重复利用，同时需要根据教学法的发展和技术的进步，定期接受评估、更新和调整。

- **教育管理信息系统**：教育领域的政策和实践需要实时掌握教育系统的运行信息。教育机构应慎重考虑如何最大化地利用教育管理信息系统或类似系统，并使其保持定期更新，释放其潜力，以及时改善各级各类教育供给。教育管理信息系统能够帮助实现数据的收集、汇总、分析，并利用数据信息辅助监管、制定政策并改进实践。此举也将有助于持续提高教育政策的效益和效率，促进教育公平。

当国家制定分领域政策时，其中某一领域可能被独立的分领域总体规划（例如有关学校教育信息化的国家政策与总体规划，或有关数字资源开发的国家政策与总体规划）所涵盖。在进行领域政策规划时，任何或所有分领域均可包含在全领域政策当中，例如国家教育信息化总体规划可涵盖各级各类教育（基础教育、高等教育、非正规教育以及技术和职业教育与培训）总体规划、信息与通信技术在课程和评价中的应用、数字化学习资源的开发与管理（国家教学内容管理平台或在线学习平台），以及信息与通信技术在教育管理中的应用（教育管理信息系统）。

针对各个分领域的指导意见，均遵照一套标准化的编写结构，包括：

- **内含国际文书内容**的专栏，主要为《青岛宣言》中确立的相关发展目标或相关阐述。

- 对总体规划主题和范畴的**定义**。

- 在特定领域或主题下应该确立的**愿景**。

- **实现可持续发展目标4所面临的挑战**和各地方的教育系统发展目标，关于信息与通信技术是否有助于应对这些挑战，以及如何应对挑战的评价。

- 根据愿景、挑战和当地条件制定政策**目的和目标**。

- **工作要点**，据此对应规划的关键任务、应确定的具体目标和指标以及实施途径提出明确的建议。

- **贯穿各项工作要点的共性问题**，包括监管框架、指导原则或横向规划，以确保保护人权、包容、公平和性别平等。其目的在于强调将这些基本指导原则和关键共性问题（例如学习的质量、对教师教育的支持）整合进所有分领域总体规划中的重要性。

- 不同背景下总体规划的**已有实施模式**和行之有效的实践做法，作为富有启发性的参考。

1.7 如何使用本出版物

本出版物的目标读者是政策制定者，包括个人以及负责政策规划的主要行政部门的工作团队，他们可能在中央协调机构的支持下开展工作。本出版物假设目标读者具备参与政策制定全过程的权限与特定的背景知识。

我们建议这些政策制定团队在政策规划的全周期内开展工作。通过小组讨论或适时召开研讨会的方式，利用我们所给出的能够激发批判性思考或结构化设计的问题，政策制定者将会厘清关键要素，从而为制定全面的政策和总体规划奠定基础。建议政策制定者将本出版物与联合国教科文组织开发的在线"教育信息化政策工具包"[10]结合使用。该工具包包含一系列在线工具和一个资源中心，以及与本出版物中建议的路线图相一致的教育信息化政策和总体规划制定分步指引。

政策制定的其他参与者或协助者（例如协助部委制定政策的外部顾问）运用本出版物，既可以为政策制定者和协调机构提供建议，也可以对已采纳的政策设计和实施步骤开展评估。在前一种情况下，外部顾问可从第1章开始按部就班地阅读。针对后一种情况，外部顾问可能希望以最后一章为切入点。最后一章包括将政策的发布作为一项重大活动，并且评估已实施的政策，提出改进建议，以期接下来制定更加有效的政策。

2. 促进数字包容与挖掘数字创新的潜力

历史上每一次科技革命的核心价值，都在于帮助人类克服全球性挑战，增进人类福祉；一项新技术只有被作为公共产品在全社会普及应用才算成功。近年来，从气候变化到流行病再到军事冲突，所有国家和个人都面临着共同的全球性挑战，而教育领域也将遭受冲击。世界各国在新冠疫情期间采取的应对措施表明，公民的受教育权开始依赖于网络的连通性，这使得数字包容成为人文主义方法指引下的社会必需和道德必然。

促进数字包容，即确保在获取和使用数字设备及互联网连接方面的公平、包容和性别平等，是制定任何国家教育信息化政策和总体规划的前提条件，它必须成为指导教育信息化规划与部署的先决政治承诺。私营信息与通信技术公司的社会责任在于为数字边缘化群体额外提供免费或低成本的数字解决方案，开发可作为公共产品的应用程序来为残障人群解决各种问题。国家治理应当制定法律、法规及相关政策，以引导技术创新朝向数字包容的方向发展，并对那些进入课堂的应用程序进行准入审查。

信息与通信技术日新月异，不断迭代的信息与通信技术工具被应用于教育领域。许多技术创新受商业驱动，因此不应被想当然地视作为共同利益而生。政策制定者应当从两方面评估信息与通信技术的能力与局限。其一，政策制定者应当以世代的眼光看待信息与通信技术的进步，并对不断出现的新技术展开强有力的效益风险评估，以避免错失前沿科技带来的历史性发展机遇；其二，他们应当基于包容和人文主义原则，从教育供给、教育管理以及师生的基本需求出发，辩证地审视大量涌现的数字应用程序。

2.1 促进教育领域的数字包容

2.1.1 致力于为全民提供数字化学习环境

包容地使用数字设备和互联网连接是利用信息与通信技术解决各国教育顽疾（包括学习鸿沟、歧视和性别不平等）的前提。会员国在《青岛宣言》中承诺，到 2030 年确保所有女童和男童都能使用相互连通的数字设备，拥有针对性强和顺应需求的数字化学习环境（见**专栏3**）。

专栏3：《青岛宣言》

技术为减少学习上长期存在的各种差异提供了史无前例的机遇。倘若我们要实现《仁川宣言》作出的承诺，实现无歧视教育、性别平等、增强妇女权能，促进可持续发展，信息通信技术的应用必不可少。我们承诺将在2030年之前，确保所有女童和男童，无论残疾与否、社会经济状况或地域位置如何，都能够使用相互连通的数字设备，拥有针对性强和顺应需求的数字化学习环境。为了力争普及基本教育和技能培养，我们建议所有教育利益攸关方都能认识到，参加保证质量的在线课程是面对面课程的一个替代或补充模式。

来源：《青岛宣言》，UNESCO，2015a，第5条。

2.1.2 实现数字包容面临的障碍

然而，世界各地的有线宽带或移动网络连接仍然存在相当大的差距（ITU and UNESCO，2020）：只有37%的农村人口能够使用稳定的互联网连接，而在城市地区，这一比例为73%；与此同时，在最不发达国家中，这两项比例仅为10%和25%。

国际电信联盟（ITU）和联合国教科文组织于 2010 年成立了宽带委员会，其主要职责是确保建立广泛、可用且可靠的数字基础设施。宽带委员会呼吁世界各国领导人优先考虑互联网的普及，以加快实现可持续发展进程，同时承认仍有许多工作尚待完成："数字不平等以及互联网接入和使用不均衡的现象普遍存在于国家之间及各国内部"（ITU and UNESCO，2020）。该委员会在2020年的宣言[11]中指出，全球仍有 36 亿人无法上网，而其他数十亿数字边缘化群体也深受网络不畅的困扰。

2020年2月开始的新冠疫情进一步揭示了世界各地教育系统中的数字不平等现象。联合国教科文组织教师工作队（由教科文组织协调的国际联盟）[12]发布的数据显示，截至2021年年中，全球无法在教室中学习的学习者中有半数（约8.26亿人）家中没有电脑。同时43%的学习者（7.06亿人）家中没有网络。数字排斥现象在低收入国家尤为明显：在撒哈拉以南非洲地区，89%的学习者家中没有电脑，82%的学习者无法上网。此外，全球约5600万名学习者生活在没有移动网络服务覆盖的地区，其中近一半在撒哈拉以南非洲。

造成互联网普及障碍的原因有很多：

- 许多地区的互联网接入、联网的硬件和软件费用相对让人难以承受；

- 缺少基本的基础设施（例如电力供应）和数字设备；

- 网络用语的读写水平较低；

- 数字技能差；

- 缺乏有针对性的内容；

- 部分地区的文化信仰和"技术恐惧症"。

宽带委员会（The Broadband Commission，2014）提出了 76 项建议，以帮助各国政府改善全体公民的互联网接入情况，其中包括通过采取适当的政策和法规使宽带价格更加低廉，促进创作适合当地的内容，以及收集和分析可靠的信息与通信技术数据。建议中还包括促进数字基础设施的开放获取，推动基于宽带网络的产品和服务更加便宜、易用，重点在于解决那些可能落后的群体所面临的困难，提高公民的数字能力及技能，以帮助所有利益攸关方充分把握数字化机遇。

其他可行的建议还包括专注于低成本的联网技术，例如更加创新和有效地使用2G移动网络系统，建立公私伙伴关系以实现零费率数据连接，特别是减免农村地区以及与在线教育有关的流量费用。此外，还可能通过改善教育，消除错误信息以及错误观念，培养个人技能；开发价格低廉、容易获取的公平的教育内容，以促进妇女、女童、残疾人、流浪者或生活贫困人士，以及身处农村地区、最不发达国家或者类似不利处境的弱势群体获取此类教育内容。为应对新冠疫情造成的教育中断，各国紧急推出了教育平台零费率访问政策。例如，阿根廷在该国通信和媒体监管机构，即国家通信监管局[13]（ENACOM）的努力下，零费率开放其教育门户网站"Educ.ar"；牙买加教育、青年和信息部[14]的网站提供免流量费访问，该网站包含教育内容和在线试题集；约旦于2020年3月22日推出了在线教育平台"Darsak"[15]，学生每天6点至16点之间访问该平台免收流量费用；韩国政府提供了一笔紧急预算资金，用于支持国内所有公共教育平台零费率开放。

专栏4: 零费率数据连接

从广义层面而言，零费率数据连接意味着可以免费登录和使用部分网站，并从中下载内容；同时，登录该网站所产生的流量不会被计入每月付费流量总数和月度流量上限。电信部门以及其他相关机构需列举一份自动不计费的网站名单。

来源：Zero-rating Practices in Broadband Markets，European Commission，2017。

2.1.3 改善信息与通信技术领域中的性别不平等现象

数字资源的获取方面始终存在明显的性别不平等现象，同时，性别歧视也长期存在。妇女和女童经常被禁止或被限制使用信息与通信技术，尤其是互联网。2019年，推进数字时代性别平等全球合作伙伴（EQUALS）与联合国教科文组织共同发布的一项报告估计，在最不发达国家，只有15%的妇女使用互联网，而男性的这一比例是28%。此外，数字技能方面也存在明显的性别差距：妇女和女童了解如何使用数字技术以达到基本目的的可能性比男性低25%，了解如何编程的可能性是男性的四分之一，申请技术专利的可能性是男性的十三分之一。2021年，联合国教科文组织及其合作伙伴共同发起了"加速提升女童的平等数字技术使用权限、数字技能和在线学习机会"倡议[16]，建议政府在以下方面采取行动：（1）公平：缩小女童在在线教育和数字技能获取方面的差距；（2）赋能：发挥技术潜能，促进教育和性别平等，重点关注边缘化群体；（3）安全：确保安全、包容和促进性别平等的在线学习空间。

2.1.4 推进对残疾群体的数字包容

残疾群体能够从高质量的互联网连接中获益匪浅，但他们常常被排除在外。世界卫生组织（WHO）记录显示，全球大约有10亿残疾人口，约占世界总人口的15%，残疾群体是世界上最大的少数群体（WHO，2021）。而残疾群体中，至少有9300万人是儿童（WHO，2011）。联合国教科文组织《全球教育监测报告》（UNESCO，2020c）显示，当各国政府通过技术手段在学校关停期间保障本国教育不中断时，约40%的贫困国家在此期间无法为处境不利的学生提供具体支持。

联合国教科文组织2021年发布了一份题为《理解新冠疫情给残疾人教育带来的影响：远程教育的挑战和机遇》（UNESCO，2021c）的政策简报，简报通过学术研究和文献综述指出了影响残疾学生接受远程教育的三个障碍等级：

- **高影响障碍：**

  网络连接差，数字设备访问存在鸿沟，缺乏关于应用远程学习解决方案的教师培训课程。

- **中影响障碍：**

  学习平台和学习材料不易获取，缺少指导学生、家长、教师及学校开展或促进远程学习的能力。

- **低影响障碍：**

  缺乏对残疾学生的一对一教学支持，缺少对残疾人及其父母解决远程学习问题的技术援助。

联合国教科文组织呼吁全体利益攸关方努力推动实现对残疾人的数字包容，并对政策制定者提出如下建议：

- 与残疾人组织及协会合作，明确残疾群体在数字化学习中遇到的困难及解决方案，提供因人而异的支持，尤其需要关注对可能遭受多重歧视的残疾妇女和残疾女童的数字赋能。

- 支持立法和政策制定，以确保远程学习项目和教育信息化政策覆盖残疾群体。

- 加强对残疾群体在远程学习中所需基础设施的开发和利用，便于他们获得相关辅助技术。

- 利用全方位课程设计（UDL）定制课程和开展教学，通过多种方法支持残疾学生。

- 依据全方位课程设计原则评估在线学习内容是否易于获取。

- 实施以学生为中心的教学方法，确保残疾学生更好地参与学习，促进积极的学习体验，提高学生自尊。

- 通过系统的方法支持教师和护理人员。

在规划教育信息化政策时，首要的任务是确认残疾群体的具体需求，即情境分析和需求评估（见第 4.2 节）。

2.2 在教育系统部署信息与通信技术时采用人文主义和批判性视角

2.2.1 批判性视角：降低教育信息化的负面影响

■ 避免"技术解决方案主义"

如果政府无法提供包容的数字化学习机会，则意味着政府有可能歧视部分公民并使其处于不利境地。然而，我们无法假定教育信息化的实施一定能够取得预期的结果，尤其当人们的预期缺乏现实根基时。必须分辨、认定并瞄准真正有可能实现的结果。政府尤其应当避免"技术解决方案主义"，即假定能够完全依靠技术解决根深蒂固的社会问题，比如缺少高质量的、有经验的教师。但事实上纯靠技术不能解决这些问题，因此政策制定者应当制定更加全面、不依赖于信息与通信技术的教育政策，以切实加强全民教育，在此基础之上再考虑信息与通信技术如何锦上添花。

■ 保障教师和学生的福祉

应当充分调查信息与通信技术给学生和教师的福祉带来的潜在不良影响，并且尽力将这种影响降到最小。简而言之，应当避免以牺牲学生利益为代价提高教育成果。在新冠疫情期间，世界各地的很多学生都只能利用线上技术进行学习。但许多学生报告称，他们在线上学习的过程中感觉过度劳累、视觉疲劳，并产生了孤独感。此外，在某些情况下，部分信息与通信技术的应用，尤其是电子游戏，可能与成瘾和抑郁有关。尽管信息与通信技术在其中发挥的作用和具体作用机制尚不明确，但是"风险预警原则"仍然敦促政策制定者在要求少年儿童长期深度使用信息与通信技术之前审慎考虑，尤其是长期面对屏幕的技术。教师的专业培训应使他们能够明智且适当地使用信息与通信技术，最大限度地降低使用时间。这类培训应当使教师能够理解并判断信息与通信技术给学生福祉带来的潜在负面影响，进而将负面影响降到最小。

■ 减少并中和数字碳足迹

了解信息与通信技术给环境造成的影响同样十分重要。信息与通信技术的原材料、能源消耗以及产生的废料都会对环境造成负面影响。在发展和实施教育信息化之前，应当谨慎考虑这些。因此，在制定任何与可持续发展目标兼容的教育信息化政策之前，都必须平衡教育收益与环境成本，将负面影响降至最低。尤为重要的是，政策制定者应当始终优先考虑"绿色"信息与通信技术，即不用或微量使用稀土金属等宝贵资源的信息与通信技术；在其整个生命周期中（包括在制造和使用过程中）尽量减少消耗电力和水；限制温室气体的排放，并注意中和碳足迹；利用可循环技术，而非产生堆积成山的"科技垃圾"，导致有害化学物质渗入地下水。

2.2.2 商业信息与通信技术应用程序中的人文主义和需求导向审查

从为教育提供信息与通信技术解决方案的角度来看，由于商业部门常常推出此类软件，使得现有可用技术愈加复杂。因此，公共政府机构须审慎考虑教育系统和商业部门之间的关系，包括教育供给对商业软件和平台与日俱增的依赖。因此，需依据关键的人文主义原则和教育需求，建立对商业信息与通信技术解决方案的审查和验证机制。该机制的主要目的在于避免教育系统被偷偷摸摸地大规模私有化，保障教育管理者、教师以及学生的安全和福祉。该机制还应当吸收学术界的专业知识，而不是跟从商业部门的营销宣传。审核机制应至少根据以下五项标准对信息与通信技术解决方案加以审查：

- 人文主义原则——解决方案是否会促进或损害包容、公平和性别平等；

- 价格合理——与当地收入水平和财政状况相适应；

- 可用性——作为前提条件的基础设施是否到位；

- 易获取性——尤其是针对残疾群体、使用少数语言的群体以及无家可归的人群；

- 可扩展性——是否可以轻易地增加或减少信息与通信技术应用程序的部分功能或性能并相应调整成本，有时还涉及信息与通信技术应用程序是否可以升级或集成到升级后的系统中。

2.3 基于人文主义原则审视适用于教育领域的信息与通信技术

本出版物中不会罗列不断拓展的信息与通信技术。然而，为了制定有效的教育信息化政策，政策制定者要能够坚定地、不偏不倚地看待层出不穷的信息与通信技术，并且了解如何有效地利用信息与通信技术支持教与学。可以通过委托研究的方式，掌握适用于当地教育状况的信息与通信技术概况。

2.3.1 评估教育信息化准备状态

了解国家或目标地区的教育信息化准备状态对于政策制定十分重要，这涉及对一个国家或地区的现状进行定性和定量的综合评估，以明确差距和有待改进的领域，并帮助政策制定者了解在当前情境下的需求。评估准备状态的方法有很多，可能会涉及以下任何一项或者全部统计数据，具体需视当地情况而定。

- 学校的可用数字设备，用数字设备数量/学生数量这一比率表示。

- 拥有稳定的有线和/或移动互联网接入的城市与农村地区的学校和家庭的百分比。

- 可负担得起互联网接入、设备和软件费用的学校和家庭的百分比。

- 可以访问国家或地方公共学习平台的学校的百分比。

- 提供作为课堂教学补充的在线课程的学校的百分比。

- 国家或地方公共在线课程覆盖的课程比例。

- 用于教育信息化的国家专项资金占所有教育资金的比例。

- 具备基本数字技能的学校领导、教师和学生的百分比。

- 每周以固定频率在大多数科目的教学中使用信息与通信技术的学校的百分比。

- 每周以固定频率在教学中使用通信技术（例如社交媒体和会议软件）的学校的百分比。

- 确保包容和平等地获取数据、公平地访问数据，保护数据隐私和安全等相关法规和实践的成熟度。

2.3.2 在资源匮乏的场景下使用低带宽应用程序和开放教育资源

当考虑在教育领域应用信息与通信技术的可行性时，往往很容易把注意力放在"尖端"信息与通信技术上。然而，政策制定者同样应当考虑有效利用低成本技术支持教育的发展，特别是在资源匮乏的场景下。

面对新冠疫情对教育事业的冲击，联合国教科文组织整理了一份支持远程学习的应用程序清单[17]，其中包括可应用于仅有基础功能的移动电话的系统（"低带宽"），以及具有强大离线功能的系统（"无带宽"）。

- 低带宽应用程序只需要基本的移动接入和成本相对低廉的传统硬件，例如能够发送和接收短信的"非智能"手机，即使在一些偏远的农村社区也可以广泛使用。类似的应用包括 M-Shule[18]、Ubongo[19]以及Ustad Mobile[20]。

- 无带宽应用程序或平台不仅可以提供教育资源，有时还支持离线的自适应学习。一旦从可联网的地区获取了相关工具，在没有网络连接的区域也可以有效运行。类似的应用包括iBox[21]、Kolibri[22]、Ruang Guru[23]和 School in a Bag[24]。

根据联合国教科文组织（UNESCO，2019b）制定的《开放教育资源建议书》，开放教育资源是"以各种媒介为载体的任何形式的学习、教学和研究资料，这些资料在公有领域提供，或以开放许可授权的形式提供，允许他人免费获取、再利用、转用、改编和重新发布"。因为开放教育资源通常具有价格低廉、易获取和相对高质量的特征，政策制定者、学校管理者和教师应当挖掘其在各类场景和各个层面上的应用潜力。可广泛获取的免费阅读材料即开放教育资源的一种形式，典型案例包括全球数字图书馆（Global Digital Library）[25]，它可以免费提供70多种语言版本的5000多本数字故事书；非洲故事书（African Storybook）[26]，它包含用189种非洲语言编制的插图故事书；以及世界读者（Worldreader）[27]，迄今为止已为1800多万名儿童提供了免费书籍。

政策制定者还应考虑是否能够利用开放教育资源满足学术需求，进而无须再依赖价格相对昂贵的商业印刷品或电子教材。此外，政策制定者还应当思考如何才能够成功地应用开放教育资源，例如提供支持性技术或者为教师提供专业发展的机会。

2.3.3 重新定位并规范互联网2.0工具以支持在线学习

沟通是人际交往的基础，也是教与学的基石，更是长久以来用以连接人类的技术根基。互联网2.0工具[28]从21世纪初开始被广泛应用。"互联网2.0"指的是一套仍在不断发展的工具，它鼓励参与式文化，使用户能够随时随地生成并共享内容，同时支持跨系统和跨设备操作。与教学活动相关的互联网2.0工具包括协作性内容创作工具、社交媒体工具以及视频会议软件。

■ **利用协作性内容创作工具促进用户的内容生产**

目前有许多可供免费使用的协作性内容创作工具，例如Google Drive of Docs[29]（文字处理工具）、Sheets（电子表格工具）、Slide（幻灯片展示工具）以及Forms（表单工具）等。腾讯文档[30]也提供了一套类似的工具。当一位创作者利用这类工具编辑文件（或电子表格、幻灯片、表单）时，其他协作者都能看到相应更改并且立即响应，这大大促进了深度的协作创作和协同知识建构。同时，这些工具还被越来越多地应用到教育环境中。例如，研究人员可以与同事远程协作，中小学教师也越来越多地利用这些工具合作编制及共享课程方案。

■ **利用社交媒体工具促进内容生产和共享**

许多流行的社交媒体平台已日渐成为互联网用户日常生活的一部分，例如

Facebook[31]、微信[32]、YouTube[33]、以及TikTok[34]。这些安装在手机上的终端应用使得用户能够随时随地拍摄视频、创作多媒体内容并即时共享。社交媒体平台不断改变着内容或知识的生产与共享方式。例如，YouTube 和TikTok之类的内容共享平台被越来越多地用来支持正规教育场景下的学习。YouTube允许用户上传、观看、评价、分享、举报以及评论视频，并且可以创建视频播放列表。虽然YouTube上的许多学习型视频是由大型组织（例如可汗学院[35]）发布的，但还有大量视频是由希望分享自己知识与技能的用户创作的。YouTube和其他社交媒体平台都在逐步开放专门的教育频道，例如，有人提议把微信平台用作一种新型的在线学习系统[36]。获得众多年轻人青睐、以背景音乐为特色的短视频创作平台TikTok也正在探索类似的知识共享途径。疫情期间，教师和学生利用该软件创作并共享了许多学习资源。2020年3月，新冠疫情暴发后的短短几周内，"在TikTok上学习"标签下的仅100多万条视频就收获了70亿的观看量。

不论学习者使用哪一个视频共享平台，通过明确自身的学习目标，并根据目标选择适当的视频进行学习，都可以强化个人学习的责任。然而，若国家政策希望将社交媒体工具用于教育，则需要解决以下问题：首先，虽然视频可以提供信息并支撑知识传播，但年轻的学习者很难在缺乏个性化指导的情况下深入理解视频内容或应用其中的知识。其次，视频共享平台使用算法分析用户交互行为，推断每个学生的兴趣和偏好，从而"个性化"地推荐下一条视频，这将导致"回声室效应"，即用户只能看到与其既有观念一致的视频，而无法看到那些挑战其既有观念的内容。换句话说，这种算法可能会强化误解和偏见，而非引导学生实现深度学习，甚至可能导致成瘾行为。最后，平台用户的数据隐私和潜在的网络霸凌也同样令人担忧[37]。

■ 利用视频会议软件实现在线教学和沟通

身处不同地区的用户可使用视频会议软件同步沟通，例如Zoom[38]、钉钉[39]、Microsoft Teams[40]，这些软件的免费版本允许有限数量的与会者同时使用，或者限制会议的时长。**表2**为部分示例。

表2　直播应用程序的功能（免费版本）

工具	简介	每场会议的时长限制	免费版本支持同时在线用户数量上限	网站链接
钉钉	支持视频会议、任务和日常事务管理，考勤以及可即时交流的通信平台	无限制	300人	https://www.dingtalk.com/en

续表

工具	简介	每场会议的时长限制	免费版本支持同时在线用户数量上限	网站链接
Google Meet	会议系统	无限制	30人	https://meet.google.com
Lark	集聊天、日程管理及云储存功能为一体的协作软件，提供200GB的免费储存空间	无限制	100人	https://www.larksuite.com
Teams	Microsoft Office系列软件下的平台，具有聊天、会议、电话及协作功能	无限制	250人	https://www.microsoft.com/en-us/education/products/teams
Zoom	支持视频和音频会议、线上聊天和网络研讨会的云平台	40分钟	100人	https://zoom.us

来源：整理自UNESCO, 2020d, p.31。

由于提供免费版本，使用极易上手，且对非技术人群友好，这些原本商用的交流平台迅速成为大众日常沟通的工具以及教育工作者用以支持教与学的平台。部分软件已经开发出支持师生特定需求的功能。例如，微软的Teams集成了旗下的 Classroom，使管理员和教师能够分班管理，为学生发放作业并评分。这些独立的视频会议软件经常被用作在线学习平台的补充。

与内容共享平台类似，政府机构以及平台供应商必须审视并解决部分视频会议软件饱受诟病的安全问题和隐私泄露风险。此外，政策制定者还须妥善考虑视频会议软件付费版本的成本，以及日益依赖商业产品提供基本教育服务所带来的影响。

总而言之，为了能够最大化地利用互联网2.0工具支持安全有效的在线学习，并对其施以适当监管，政策制定者应当：

- 探索信息与通信技术工具促进正规教育和非正式学习场景下的基本交流、内容生产、共享与协作的适用性；

- 评估工具背后的商业模式，并根据本出版物第2.2.2节中的标准对工具进行审核；

- 提供适应当地情况的互联网2.0工具使用指南，具体包括：哪些工具适用于本地，如何才能使学校和其他教育机构用好该工具，以及需要为教师提供何种专业培训以促使他们使用这些工具造福学生学习；

- 严格审查与安全、数据隐私和师生福祉相关的潜在风险，建立监管机制。

2.3.4 集成在线学习平台
.

受新冠疫情教育中断的影响，政策制定者和从业人员意识到在线学习平台的功能尚未得到充分开发，尤其是有必要启动国家或中央级别的公共平台以促进远程教学。这类国家或中央级别的平台由学习管理系统（LMSs）提供支持的同时，还集成了其他功能。学习管理系统（例如Moodle[41]、Blackboard[42]和Schoology[43]）主要被应用于管理课堂教学活动，但在疫情之前，它们很少被大规模地应用于全国范围的远程学习。

学校关停期间，居家办公的教师能够利用此类平台开发和管理在线学习资源，与学生共享，进行教学直播和学业评估，监测学生的健康情况等。同时，居家学习的学生能够访问共享资源，参与直播课程，与同学互动并完成学业评估。以上活动的实现都依赖于平台自带的论坛、博客、百科、消息及其他功能。

部分在线学习平台，例如Moodle，提供开源技术工具以使政府或机构的开发团队能够定制并扩展诸多功能。尽管开源平台的基础技术架构提供了访问权限，但自定义或扩展功能通常需要付费。因此，政策制定者应当审慎地考察此类平台是否应该被大规模应用于教育领域，同时计算总体拥有成本（即TCO，详见第 4.4.2 节），如果需要大规模应用，则应该提供适当的指导以及专业培训。

鉴于新冠疫情使得公众高度关注在线学习平台的重要性，这些平台未来可能会被更加广泛地使用。然而，这些工具不应被简单地用于重复已过时的教学实践，教师应当在平台的基本功能上更进一步，提供有效的教学。因此，应当把为教师和学校管理者提供高质量的专业发展机会纳入教育信息化政策。

政府或机构的在线学习平台所集成的工具与功能日益增多，本出版物难以逐个罗列。但政策制定者应通过制定以学习者为中心的目标分类法，评估现有平台的功能，并确定进一步提升的空间。《在新冠疫情学校关停期间确保有效的远程教育：教师指导手册》（UNESCO，2020d）中曾介绍过一种分类法，本出版物在获得授权的基础上进行了适当修订，将其列于**表3**。在本分类法中，分数越高，表明平台的包容性越强，也即能够为学习者提供越高水平的支持。

表3　对在线学习平台功能进行评估的以学习者为中心的目标分类法

功能总结	具体功能
支持学校课程	1. 仅提供收集临时内容的网络空间 2. 覆盖所有科目 3. 覆盖所有年级

功能总结	具体功能
支持学校课程	4. 可按学科、主题和年级进行搜索 5. 支持不同的远程学习模式（在线、电视/广播） 6. 支持视障学习者使用 7. 开放式授权许可
数据管理	1. 保护学习者的数据隐私和安全 2. 支持登录和记录学习进度的通用唯一识别码（UUID） 3. 支持学习分析和定期报告 4. 集成现有教育管理信息系统（EMIS） 5. 链接/或交叉引用外部大数据源
支持教师在线协作	1. 共享教师制作的、动态更新的、有质量保障的教学资源 2. 支持有组织的教育工作者在线论坛 3. 采用认证和/或质量保障标准 4. 基于学习分析为教师提供建议
支持学习者在线协作	1. 共享学生制作的、动态更新的、有质量保障的学习资源 2. 支持有组织的在线协作学习和/或项目式学习活动 3. 支持线上创客空间
支持在线教学	1. 提供在线课堂，实现课程直播 2. 支持异步视频录播课（如慕课）以及课后的双向交互式辅导和师生讨论 3. 支持异步视频录播课以及课后的异步辅导
支持形成性评价	1. 提供免费共享空间以收集学习者提交展示的学习结果，以促进同伴评价和同伴学习 2. 支持自动评分，自动生成评估结果报告 3. 支持测试的自动分发和管理 4. 集成人工智能支持的形成性评价，提供个性化学习路径建议

来源：改编自 UNESCO，2020d，p.22。

2.4 集成技术、数字内容及数字技能，为学习系统建立新的基础设施

尽管人们担心信息与通信技术方案过于零散，却仍然无法阻止每个月都有所谓的创新方案出现。这种技术分散的情况使得数字服务之间彼此孤立，浪费终端用户的时间。针对这一情况，需要跨行业、跨部门展开合作，制定综合方案，为主流在线学习服务提供通用唯一识别码和认证。为此，最具划时代意义的措施是将技术与其他关键支柱相结合，构建新的学习基础设施。

联合国教科文组织为此提出了开放学校系统的框架（见**图2**），该框架展示了一种技术驱动的开放学校理念，它是一种将非数字手段和数字技术相结合的开放式授课模式，目的在于提供学校课程，使得学生能够在多个物理空间和远程学习空间（包括家

中或其他安全场所，如社区学习中心、图书馆或者临时避难所）获取学校的课程、教师辅导、训练和相关福利。其根本目的是确保在危机或者紧急情况导致学校关停时期能够立刻"启用"后备的教育途径，以确保学生的学习权利。

图2　关于规划并建立技术驱动的开放学校系统的框架

根据教育信息化的准备状况以及利用信息与通信技术改变学校教育教学方式的前景，各国可以选择：（1）将信息与通信技术与电视和广播相结合，以支持学生获取教育课程；（2）支持将在线学习作为教育课程的主要供应模式；（3）整合前沿技术以变革教学法，并推动开放教育实践。详细指导可见**表4**。

表4　技术驱动的学校系统指导框架

阶段	层级	支持互联的途径	扩展学习时空	变革教学法的实践
政策和资源的推动者	领导和治理	基本的开放学校政策	在线开放学校政策	泛在学习政策
	财政支持和资源调配	结果导向的财政调配	公共预算和个人捐助的持续支持	公共预算和社会资源的持续支持
	社区和利益攸关方参与	学校-家庭-社区联结	学校-家庭-社区网络	学校-家庭-社区伙伴关系

续表

阶段	层级	支持互联的途径	扩展学习时空	变革教学法的实践
技术、内容与人力基础设施	教育传播技术	兼容并包的电视/广播学习为主、辅以在线学习的模式	兼容并包的在线学习为主、辅以电视/广播的模式	处处能学的线上线下融合模式
	课程体系和配套资源	覆盖所有科目和年级的电视/广播内容	在线课程和开放教育资源	系统引导的内容和教师开发的开放教育资源
	人为辅助	预设教育课程的辅助者	协作学习课程的设计者和辅助者	技术与资源的整合者和协作学习者
教学、学习与评估	社会互动与关怀	技术介导的关怀和支持	更广泛的社会关怀和支持	个性化的社会互动和关怀
	教与学	基于授课的连续性学习	以学生为中心的拓展学习	个性化的学习和知识生成
	对学习结果的评估和认证	技术辅助的评估和记录	数字化的评估和认证	个性化的学习分析和认证

2.5 挖掘新兴信息与通信技术作为教育公共产品的潜力

当前的许多新兴信息与通信技术具有推动教育管理、教学与学习的供给方式变革的潜力。这些技术中，有的是对已有技术的创新性融合和再利用，还有的本身就是一个复杂的、颠覆性的混合产物的一部分。在其他领域中也出现了类似的将已有技术与新技术相融合的应用，即用一种新技术（在线/移动应用）颠覆已经成熟的服务（如出租车），从而创造出一种全新的技术支持型应用（出租车拼车）。同时，许多此前发明的技术也在不断改进，例如慕课（详见第5.2.6节）正在朝着改进教学方法，激励学生坚持学完课程的方向努力，其中以"对话式框架"（Laurillard，1993）为模型的教学设计已在慕课平台FutureLearn[44]上成功应用。

新兴技术（例如机器人技术、边缘计算和物联网[45]）不断出现，本出版物将简要探讨被过度炒作的三种技术的潜力，它们分别是：增强现实和虚拟现实技术、区块链技术，以及人工智能（AI）技术。需要重申的是，政策制定者不应被任何商业运营者的营销宣传所蛊惑，相反，应当对这些宣传进行批判性的评估，以明确这些技术如何才能真正给课堂带来积极的、合乎人文主义原则的改变。

2.5.1 增强现实和虚拟现实技术

增强现实（AR）和虚拟现实（VR）作为两类相互关联的创新技术，正被越来越多地应用于教育领域[46]。虚拟现实依靠用户佩戴特制的计算机驱动的眼镜[47]，为用户提供一种超越实体世界的沉浸式体验，使用户感觉仿佛置身于另一处现实世界或者幻想世界。这使得用户能够以虚拟的方式访问他们无法抵达的地方（例如火星表面或孕育胎儿的子宫）或者危险的场景（例如火山内部或者恐龙时代）。尽管虚拟现实技术可以使人具有参与感，但部分使用者认为佩戴特制的眼镜会导致他们丧失方向感或感到恶心。

增强现实技术是将计算机生成的图像叠加在用户所看到的真实世界上，因此不会出现与虚拟现实技术类似的问题。利用某些增强现实系统，用户可以用智能手机扫描二维码，使其呈现一个准三维物体（例如人类心脏），从而探索其细节构造。增强现实技术还可以融入人工智能图像识别与追踪。2021年9月，增强现实和人工智能技术结合创造出"虚拟人"，它能够发表直播讲话而不会被认出是"假人"。此外，有人认为增强现实技术可能有助于实现所谓的"元宇宙"，即一个以三维形式呈现的虚拟的、持久的、共享的未来网络空间[48]。

虚拟现实[49]和增强现实技术已经被应用到幼儿园至高中及以上教育阶段许多学科的教学中，包括天文学、生物学以及地质学。为了在主流的课堂实践中应用虚拟现实和增强现实技术，政策制定者需要解决一些关键性的问题，例如设备的成本、佩戴虚拟现实眼镜造成的不适感，以及许多人同时在一间教室使用虚拟现实技术时面临的挑战。更重要的是，目前仍然缺乏在教育中应用这两种技术的实证基础，即有关于虚拟现实和增强现实技术对改善学习结果的意义及其对教育投资回报产生的影响的研究依然付之阙如。

2.5.2　区块链技术

在正规教育系统中，全国性考试通常由官方认可的机构组织，学生则会收到一份纸质证书作为学历证明。然而，新诞生的"区块链"技术有可能从根本上改变学历信息的记录和共享方式（Sharples and Domingue，2016）。

区块链是一条数据链，它能够自动在世界各地的成千上万台计算机中储存相同的副本。同时，它是一种通用记录，不依赖任何核心权威，其数据可以被写入和读取，但不能被编辑或篡改。因其具备安全性、分散性、灵活性及易访问的特点，区块链被用作包括比特币在内的加密货币的技术支撑。但其实，区块链可以包含任何可数字化的内容，包括文本、图片、音频和视频，以及任何交易记录，写入信息的日期也会被记录在内。

在教育领域[50]，区块链可以被用以储存一系列教育记录，从出勤状况到个人能力，从考试成绩到学历，从学生论文到电子学档，从课程参与到学位获得情况，这些信息都可以被储存在区块链中。如此一来，学生就能拥有一份关于其学习经历和成绩的完整、可靠的记录，这或许比一沓考试证书详尽得多。学生可以将自己的学习记录共享给高校招生团队或应聘单位，以便他们对相关资质进行核验。一些高校已经开始使用区块链存储考试证书，例如塞浦路斯的尼科西亚大学[51]。此外，马耳他也正在探索在教育系统中使用"Blockcerts"这一区块链技术[52]。欧盟委员会正在分析在多种场景中部署基于区块链的公证系统的可行性。2018年，欧盟（EU）成员国创建了欧洲区块链合作伙伴关系（EBP），以合作建立欧洲区块链服务基础设施（EBSI），这是欧盟委员会和欧洲区块链合作伙伴关系的一项联合举措，旨在利用区块链技术在欧盟范围内提供跨境公共服务[53]。

然而，人们仍然担心区块链技术尚未成熟，尤其是在其性能和可扩展性以及与传统基础设施的集成和兼容方面。由于区块链依赖于分布式高性能计算机的计算能力，它带来的大量能源消耗和对气候变化的负面影响仍是有待解决的问题。正如那些久经考验的、没那么复杂的技术一样，需要对区块链及其公钥/私钥的管理，以及对个人、敏感和机密数据的保护加以评估。此外，还需要说明区块链的现实益处，尤其是对于那些仍在努力建设最基本的信息与通信技术基础设施的国家来说。

2.5.3 人工智能技术

在过去几年中，人工智能已经从封闭的学术圈走向了大众热议的前沿。事实上，从智能手机上的私人助理到无人驾驶汽车，从推荐娱乐节目到犯罪预测，从人脸识别到医疗诊断，人工智能在日常生活中无处不在。人工智能领域的新一轮突破很大程度上得益于云计算能力的显著加强和在线数据的指数级增长，二者共同推动了算法不断被训练并迭代升级。数据、计算能力和算法是机器学习的基础——作为人工智能底层技术，机器学习在近年来取得了巨大进步。人工智能拥有集成跨学科技术创新的最强凝聚力，现已成为许多其他前沿科技的基础。

人工智能在教育领域的应用越来越多。它为教育带来许多潜在益处的同时，也随之引发了诸多深刻问题，包括应该教什么、如何教，与人工智能相关的社会和伦理影响，教师角色的演变，以及如何使人工智能成为公共产品以扩大教育机会并促进教育公平（Miao et al., 2021）。此外，目前能证明人工智能积极影响或有效性的有力证据极少。为了应对这些挑战，联合国教科文组织牵头制定了《北京共识——人工智能与教育》（UNESCO, 2019a），于2019年获会员国通过。随后，教科文组织又编写并出版了《人工智能与教育：政策制定者指南》（Miao et al., 2021），指导政策制定者规划相关政策和项目，以应对人工智能进入教育领域所带来的问题。政策制定者可以参考这两份出版物，从而更好地了解人工智能带给教育与学习的可能性和影响，尤其是其对可持续发展目标4的影响。

回顾**第1章**中提到的信息与通信技术在教育领域的三重潜力，政策制定者应当采用整体性方法规划人工智能与教育的联动策略，如下文所述，包含规范人工智能在教育领域中的应用、了解人工智能，以及使用人工智能支持学习。

■ **规范教育人工智能作为公共产品的应用**

跨领域快速部署人工智能会不可避免地带来多重风险和挑战，因此需要严密监管（见**专栏5**）。例如，不尊重数据所有者，肆意收集和操纵个人数据的行为侵犯隐私、威胁人权，而且增加了对妇女及低收入和少数族裔群体的歧视。人工智能技术在其本质上具有跨国界的能力，这意味着来自发达国家的供应商可以轻松收集和控制发展中国家公民的数据，甚至危及尚未引入人工智能的发展中国家。这将进一步阻碍发展中国家的公民使用高端人工智能技术，加剧当前的不平等现象。

○ **以合乎伦理的方式使用教育人工智能：** 所有国家的政府都应当审查人工智能的使用风险，并尽快制定和实施监管框架。在对开发者和相关企业进行监管时，应确保人工智能有助于为人类建设一个经济和社会公正且包容的可持续世界。应保护人类，避免其成为人工智能工具的牺牲品。人工智能的开发应当以问责、透明和可解释的原则为基础。歧视弱势群体和助长性别偏见的算法应被扼杀在开发阶段。除此之外，还必须制定跨境监管条例，具体可参考2021年11月在联合国教科文组织第41届大会上通过的《人工智能伦理问题建议书》（UNESCO，2021a）。

○ **包容和公平地使用人工智能：** 若要充分利用人工智能支持学习并增强教育系统，建立信息与通信技术基础设施是必要的前提，尤其需要注重基础设施的连通性。政府机构需动员一切可能的国际合作来加强基础设施建设，同时应利用开源人工智能工具和资源，实现公平获取。

专栏5：《北京共识》

测试并采用新兴人工智能技术和工具，确保教师和学习者的数据隐私保护和数据安全。支持对人工智能领域深层次伦理问题进行稳妥、长期的研究，确保善用人工智能，防止其有害应用。制定全面的数据保护法规以及监管框架，保证对学习者的数据进行合乎伦理、非歧视、公平、透明和可审核的使用和重用。

申明我们致力于在教育领域开发不带性别偏见的人工智能应用程序，并确保人工智能开发所使用的数据具有性别敏感性。同时，人工智能应用程序应有利于推动性别平等。

确保人工智能促进全民优质教育和学习机会，无论性别、残疾状况、社会和经济条件、民族或文化背景以及地理位置如何。教育人工智能的开发和使用不应加深数字鸿沟，也不能对任何少数群体或弱势群体表现出偏见。

来源：《北京共识》，UNESCO，2019a，第23、26、29条。

■ **了解人工智能**

本节介绍了教育系统如何使人类做好与人工智能协作的准备（见**专栏6**），包括以下方面：

○ **培养全民的人工智能素养和能力**：全体社会成员，无论老少，都应当准备好迎接一个逐渐被人工智能塑造的世界。与人工智能一起生活和工作，也称为人机协同，需要具备一定的素养能力。虽然我们相信人类智慧、创造力和道德推理的独特性，但我们仍然需要帮助人类理解人工智能的理论和实践。尤其要指出的是，人工智能素养包含了解人工智能如何收集和操纵数据，以及确保信息安全和保护个人信息的能力。此外，人工智能素养还包含算法素养，例如算法如何处理数据，以及算法如何通过个性化的人机对话控制人类行为的有关知识。对人工智能素养和能力，应尽早培养，并纳入终身学习计划。

○ **将人工智能素养和人工智能能力的培养纳入学校主流课程**：首先应将人工智能纳入学校课程，以培养学生的价值观，让他们获取相关知识和技能。完备的人工智能课程内容要确保在以人为本的方法和以技术为媒介的方法之间建立平衡。除了介绍人工智能的基本知识和技能外，课程还要帮助学生理解人工智能在未来很长一段时间内可能无法胜任的人类能力——比如创造力、协作、批判性思维、沟通、价值判断，以及社会情感学习。

○ **培养熟练的人工智能工程师和专业人才**：人工智能在社会各领域的应用，正日益取代低技能要求的工作岗位上的就业者，同时也创造了更多依赖人工智能的岗位。教育系统需要采取全面的战略行动，培养人工智能工程师、人工智能专业人才和其他人力资源，以填补快速发展的人工智能行业的岗位空缺。为促进高水平专业人才的培养，为当地的人工智能研发提供支持，高校应增设涉及人工智能各个领域的课程并提高课程质量，其中包括从神经科学到数学、从编码到统计等众多领域。

专栏6：《北京共识》

注意到采用人工智能所致的劳动力市场的系统性和长期性变革，包括性别平等方面的动态。更新并开发有效机制和工具，以预测并确认当前和未来人工智能发展所引发的相关技能需求，以便确保课程与不断变化的经济、劳动力市场和社会相适应。将人工智能相关技能纳入中小学学校课程和职业技术教育与培训（TVET）以及高等教育的资历认证体系中，同时考虑到伦理层面以及相互关联的人文学科。

认识到进行有效的人机协作需要具备一系列人工智能素养，同时不能忽视对识字和算术等基本技能的需求。采取体制化的行动，提高社会各个层面所需的基本人工智能素养。

来源：《北京共识》，UNESCO，2019a，第17、18条。

- **使用人工智能支持学习**

本节介绍了在教育系统中如何利用人工智能为学习提供整体性支持（见**专栏7**）。以学习者为中心的人工智能工具应旨在辅助教育管理、教学和学习：

○ **将人工智能作为共同福祉，促进包容性学习**：基于机器学习的自然语言处理技术已被用于开发文本–语音互转的工具。此外，为听障和视障群体开发的人工智能工具还包括：全球数字图书馆（Global Digital Library）使用人工智能技术的谷歌语音助手为视障儿童朗读书籍；华为开发的人工智能移动应用程序StorySign，可帮助失聪儿童在学习中使用当地手语进行阅读[54]；西班牙"克服阅读障碍"组织（Change Dyslexia）开发的人工智能早期阅读障碍筛查工具[55]，曾获联合国教科文组织2019年度哈马德国王教育信息化奖。教育信息化政策应首先呼吁对人工智能助残的关注，吸引研发投入，从而为残疾学习者提供价格低廉的人工智能工具。

○ **利用人工智能加强教育管理，监测学习过程和学习结果：** 为教育管理设计的人工智能应包括可用于支持招生、排课、学习管理、出勤记录和学习分析的工具。如要在教育管理中系统地利用人工智能技术，应将其集成到国家或机构的教育管理信息系统中。有人设计了用来分析课程学习结果数据的人工智能工具，以实现辍学预警。例如，英国开放大学开发的人工智能系统OU Analyse[56]，可以使用机器学习尽早识别存在不及格风险的学生，以提高课程的完成率。人工智能还可以向课程教师和学生支持团队告知潜在风险和建议，以提醒他们采取适当的辅助措施。

○ **利用人工智能支持教师，推动建立以学习者为中心的教学法：** 对人工智能研究得最充分、应用得最普遍的领域，是分析学习者的学习习惯和其他行为特征，涉及智能导学系统、对话导学系统、探索性学习环境、自动写作评价和学生论坛自动监管等工具。到目前为止，大多数工具的算法以对学习者需要掌握的事实性内容的剖析，及学习者对形成性测试的反应数据为基础。这意味着当前以人工智能为基础的学习系统注重传授事实性知识的教学方式，因此，声称人工智能"比教师教得更好"是存在争议的（Holmes et al., 2019; Miao et al., 2021）。新一代的人工智能应当作为学习者的终身学伴，支持学习者的高阶思维、协同知识建构，并提供持续性的评估。人工智能工具的开发应着眼于辅助而非取代教师。同时，教师也需要发展其专业能力，以更好地理解人工智能。

专栏7：《北京共识》

考虑整合或开发合适的人工智能技术和工具对教育管理信息系统（EMIS）进行升级换代，以加强数据收集和处理，使教育的管理和供给更加公平、包容、开放和个性化。

在使用人工智能的惠益明显大于其风险的领域，考虑应用现有的人工智能工具或开发创新性人工智能解决方案，辅助不同学科领域中明确界定的学习任务，并为开发跨学科技能和能力所需的人工智能工具提供支持。

应用或开发人工智能工具以支持动态适应性学习过程；发掘数据潜能，支持学生综合能力的多维度评价；支持大规模远程评价。

注意到虽然人工智能为支持教师履行教育和教学职责提供了机会，但教师和学生之间的人际互动和协作应确保作为教育的核心。意识到教师无法被机器取代，应确保他们的权利和工作条件受到保护。

来源：《北京共识》，UNESCO，2019a，第10、12、14、16条。

🔍 范例

- **联合国教科文组织有关人工智能与学习的未来项目**[57]："人工智能与学习的未来"项目基于联合国教科文组织第41届大会通过的《人工智能伦理问题建议书》（UNESCO，2021a）设立，也是跟进落实联合国教科文组织2021年11月发布的"教育的未来"倡议[58]全球报告《一起重新构想我们的未来：为教育打造新的社会契约》（UNESCO，2021d）中提出的建议。该项目在《北京共识——人工智能与教育》的框架内实施，由三个相互独立而又相辅相成的部分组成，旨在通过以下成果加强对政策制定者的智慧引领：

  ○ 人工智能赋能学习的未来建议报告

  ○ 人工智能教育应用的伦理原则指南

  ○ 中小学生人工智能能力指导框架

3. 指导框架和指导原则

本章介绍了教育信息化政策和总体规划的指导框架和相关原则。政策背景影响政策的推行方式，而政策的推进也会引发政策背景随之改变。指导原则和框架旨在启发和帮助政策制定者将政策视为由彼此关联的实践所构成的跨领域生态系统。这将对政策制定者起草、重新审视和评估与教育信息化应用有关的关键政策有所助益。

3.1 教育信息化政策和总体规划要件组合

政策是一套经过深思熟虑的有关意图、愿景、预期战略目标、指导原则和相应治理机制的声明，旨在引导投资和行动实现预期的结果。实施教育信息化政策，应当把它作为一套用于决策法规安排和预算规划的程序或协议，是协调各项行动的指挥棒。其中最有效，也是最广为采用的执行程序之一就是制定中期（例如五年）或长期（例如八年至十年）总体规划。因此，本出版物将教育信息化政策和总体规划视为综合的要件组合。这一要件组合的规划过程需要评估现状、确定发展目标和投资优先次序、明确预算和资源分配、设计行动计划和实施战略、衡量结果及调整政策。

总体规划是一项关于变革的操作性理论，是动态的、有时效性的并以结果为导向的政策行动计划，提供了在确定的重点领域内所要实现发展目标的概念性布局。它包含调配资源、协调执行机构和引导协调一致行动的中长期规划。教育信息化的总体规划应首先评估、调整或改革相关治理机制和法规安排，以确保人权尊严有保障、具体实践有规章、潜在风险最小化。设计得当的总体规划应当建立一个机构间协调机制，以指导执行机构和监督机构明确每个重要领域的结果和目标，制定详细的成本核算和预算计划，以确保资金来源可持续，并制定阶段性计划与实施安排，以及一套评估和监测机制。贯穿以上纵向主题领域的总体规划与横向实施策略又构成了另外一套综合要件组合（Miao et al., 2019）：资金或人力资源的横向流通策略；不同政策领域、各级各类教育的技术资源互通；用于跨领域或全领域调配资金及建立伙伴关系的模式；用于协同及发展机构能力和责任的问责制与能力培养计划；促进有效实施和创新实践，并推动自上而下和自下而上的行动相结合的、面向机构和个人的激励机制；推进政策通过的宣导方案，使所有利益攸关方做好准备，并促进利益攸关方与政策实施主体之间的对话和相互借鉴。

尽管许多国家政府已经出台或发布了教育信息化政策，但并未采取相关实施行动。这些"空壳政策"不仅消耗了公众对政府的信任，也有损教育信息化的发展潜力。设计得当、配套资源完善的总体规划是最重要的政策杠杆之一，它可以发挥以下关键作用：

- **加强公共治理的整体性：**作为一套政策行动方案，总体规划有助于优化规划和执行过程，最大限度地调配公共资金和实施伙伴的力量，并确保获得最佳结果，避免丧失公信力。对于总体规划的参与式研制和通过过程，也有助于提高政策的透明度，进而建立或重建政府公信力。

- **加强国家主导权并制衡外部控制：**本出版物提出的总体规划由政府机构制定并为其所有，以其作为政策杠杆，能够限制私营公司对信息与通信技术的过度商业化应用，从而确保技术创新成为教育领域的公共产品。

- **强化全社会参与和筹资机制：**设计合理的总体规划需要全社会利益攸关方的参与。总体规划通常是根据差距分析和变革理论模型拟定的，该模型可以判断出公共资金方面可能存在的不足，并阐明常规预算规划和潜在捐助者筹资的优先事项。总体规划还有助于增加外部投资或国外援助以填补资金缺口。

3.2 全球治理架构及其对教育信息化政策的影响

教育信息化公共政策的制定应考虑动态变化的全球治理架构（**图3**），以实现包括教育领域在内的跨领域数字化转型。

图3 信息与通信技术跨领域应用的治理架构

■ **私人治理的迅速崛起：** 在全球数十亿人享用便利的通信渠道的同时，数字平台和应用程序也制定并实施了其私有的规范体系（Petersen et al., 2018），而用户不得不接受这些隐性的规则。人工智能技术跟踪用户数据、识别行为模式和评估用户行为的算法，通常是在未经用户明确同意的情况下运行的。此外，数字平台和应用程序的运营商既是规则的履行者，又是规则的监管者，还充当用户间或平台与用户间矛盾的调解者。简而言之，全球主要的数字平台和应用程序正在迅速成为强大的私人治理体系，这无疑会削弱公共治理和国家权威。

■ **政府间治理体系响应不够及时：** 政府间机构应通过制定标准化文书推动建立国际共识，并缓解私人治理带来的法律和伦理风险，例如，联合国教科文组织牵头制定的《人工智能伦理问题建议书》[59]。然而，国际治理机制的发展远远落后于数字化私人治理的发展速度。因此，必须审议新的国家法律规章，同时需制定新的政策，包括国家教育信息化政策，以确保政府间标准化文书的通过和实施。

■ **公共治理缺乏制衡数字化私人治理战略的能力：** 私人治理规则的单向公开和相关信息的不对称使数十亿用户的人权、数据隐私和网络安全受到威胁。然而，国家治理体系在制定法律、法规和政策以制衡数字化私人治理方面的意识和能力都有待加强。对于大多数发展中国家来说，保护用户免受数字工具带来的风险仍是一个尚未涉足的领域。少数意识到风险并具有体制能力的国家或经济体已采用了相应的监管框架或公共治理机制来规范和制衡数字化私人治理。例如欧洲议会和理事会第 2016/679 号条例就包含关于自然人的个人数据处理及其自由传输的保护性条款（European Union，2016）。

■ **需要动员公民治理并赋权于民：** 庞大的终端用户群体作为潜在的民间治理力量，能够调动全社会对与使用数字平台和应用程序相关的法律和伦理问题进行监督和审查。然而，面对数字化转型的迅捷步伐和复杂技术，公民的相关意识和能力都有待提高。此外，必须加强政府机构和民间社会的伙伴关系以应对新的挑战。在所有用户中，未成年学习者是最脆弱的。任何有关数字化学习的政策都应将保护学习者的人权、网络安全和数据隐私的公共法规置于关键地位。但是，关于数字化学习的国家政策却鲜少涉及如何通过改革公共政策和制定相关法规来制衡私人治理的有关内容。

3.3　教育信息化政策和总体规划指导框架

■ 本出版物提出了教育信息化政策与总体规划的全系统框架（见**图**4）。该框架侧重于政策规划的主要组成要素，不包括**第4章**中讨论的政策和资源条件因素。该框架包含两个显性维度：一个是有关应用信息与通信技术的学习空间，另一个是有关教育信息化政策和总体规划中的关键要素。其他隐性维度包括：人文主义愿景；对学术成果和人的发展结果的界定；课程、评价和学习空间的开放性；技术获取的包容性和公平性；对跨空间应用技术的风险以及伦理问题的评估。

■ **将学习结果和人的发展结果作为政策的目标：**这些结果既是教育信息化应用的目标，也是政策规划的出发点。在结果中纳入人文价值观再次体现了基于人文主义原则的、结果导向的政策制定方法的重要性。除了学习结果之外，政策制定还应关注个人福祉和社会发展。以结果为导向的教育信息化规划应当把预期的学习结果及人的发展结果作为出发点，而非从信息与通信技术的部署本身出发。

■ **将开放学习空间作为扩大教育机会的切入点：**学习空间是利用信息与通信技术扩大教育机会的切入点。开放的学习空间意味着从校本场景转向涵盖家庭和学校的互联学习空间，进而发展为全社会的学习网络。政策规划的目的在于使信息与通信技术从限制在校园和教室内使用的狭隘技术手段转变为一种足以变革教育模式的方法，从而使学习者能够在学校、家庭或其他空间泛在地获取教育课程。教育信息化政策应调配和管理全社会的资源，使学习者在不同场所中都能使用数字设备和互联网。

图4　规划教育信息化政策的指导框架

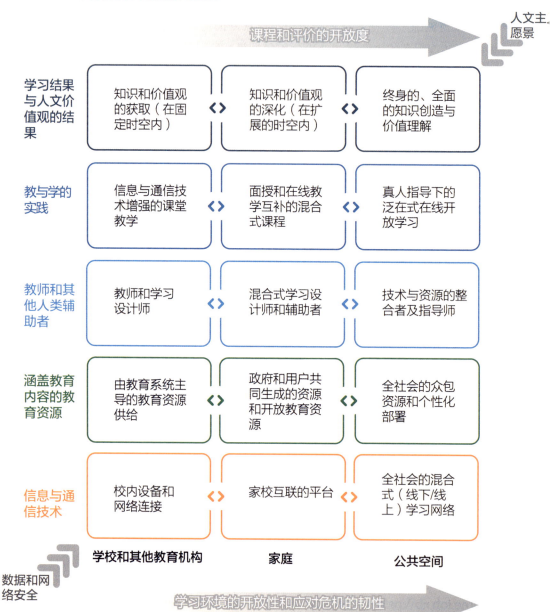

■ **教育信息化政策规划的指导框架：**国家课程和评价的开放性是利用信息与通信技术进行教学创新的基本杠杆。课程与评价应该从僵化的知识导向型转向能力导向型。同时，它应该为地方教育、学校和教师提供更多的灵活空间，使他们自主设计适当的教学方法、学习资源、授课计划和评价方式，尤其是形成性评价。此外，政策规划还应该研究如何利用信息与通信技术支持评价、认证，以及记录不同年级甚至贯通终身的学习结果。

- **相互关联的构成要素是实现结果必不可少的助推器：** 以下要素应被视为技术驱动的开放学习系统的三大支柱。（1）技术、学习资源和人力资源；（2）教学实践，包括教学、学习和评价；（3）预期产出，包含学术结果和人文价值发展目标。如上文所述，对这些组成要素的规划应从预期结果出发，然后考虑校内外必要的教学实践，最终确定教师有效利用信息与通信技术的能力。此外，还需要对预期的学习结果和实现这些结果的最佳方式做出政策决定，进而从教育基础设施和关键利益攸关方（包括学习者和教师）的角度出发，指出哪些技术方法是必要的。每一层面的选择都将决定其他层面的政策决定。例如，若选择泛在的混合式学习，除了混合式技术外，还需要开发涵盖所有科目和相应年级的数字课程。

3.4 政策制定和总体规划的指导原则

无论国家经济发展水平和教育背景如何，教育信息化的政策制定和总体规划都应遵循本指导框架总结的以下原则。

坚持人文主义原则，确保包容、公平和性别平等

教育信息化实施必须坚持以人文主义原则为本（见**专栏8**），并应特别关注包容、公平和性别平等方面的挑战。这些原则要求我们解决两个当务之急：利用教育弥合信息与通信技术可获得性以及数字技能方面的公平差距及性别鸿沟；确保所有教育信息化项目的包容、公平和性别平等，消除用于开发人工智能工具的数据集和算法中存在的任何性别偏见（无论隐性或显性）。

专栏8： 《北京共识》

我们重申联合国教科文组织在人工智能使用方面的人文主义取向，以期保护人权并确保所有人具备在生活、学习和工作中进行有效人机合作以及可持续发展所需的相应价值观和技能。

我们还申明，人工智能的开发应当为人所控、以人为本；人工智能的部署应当服务于人并以增强人的能力为目的；人工智能的设计应合乎伦理，避免歧视，

公平、透明和可审核；应在整个价值链全过程中监测并评估人工智能对人和社会的影响。

来源：《北京共识》，UNESCO，2019a，第6、7条。

🔍 **案例**

- 国际电信联盟（ITU）"全民数字包容"倡议[60]提供了旨在促进数字公平和包容的数据和工具。

- 联合国教科文组织关于促进技术和创新以实现性别平等的项目[61]正在积累有关两性平等地使用技术的资源。

根据预算限额评估信息与通信技术和其他优先事项之间的权重

教育信息化政策规划过程中的一个典型错误是假定信息与通信技术可以提供全面综合的解决方案。然而，在教育中部署信息与通信技术的成本高昂，为采购设备拨款将会影响对其他更为基础的优先事项的投资，如确保每个学生都有书桌、安全的教室和足够卫生的环境。通过应用或创建成本–价值评估模型，估测部署教育信息化方案的教育效益（如增加教育的有效性、提高其效率及扩大教育机会）是否高于其他优先事项的成本，以此才能证明大额投资的合理性。只有证明了信息与通信技术应用的合理性，才能在具体条件下对利用信息与通信技术推动实现可持续发展目标4的潜力做进一步界定，依据的是包容、公平地获取教育机会所面临的挑战、终身学习的适宜性和质量，以及教育管理信息系统的有效性。从新冠疫情中吸取的教训揭示，应将利用技术提高教育系统的韧性规划为所有新型学习基础设施必不可少的一部分。政策制定者需要审查和评估当地信息与通信技术的准备状态，然后才能挑选出最适合当地的技术方法。此外，政策制定者还应该采用整体性战略来规划学习空间。在最不发达国家，学校的安全性欠佳，卫生条件较差，最重要的是将学校和教室的翻修作为关键要素纳入教育信息化政策和总体规划。

🔍 **案例**

- 孟加拉国（2012/21）、柬埔寨（2009/13）和尼泊尔（2013/17）的国家教育信息化政策和总体规划[62]中所明确的挑战，为发展中国家如何在当地教育系统中部署信息与通信技术提供了参考。

预测潜在风险和突发的负面影响，并施以相应监管

政策必须监管并缓解信息与通信技术应用对教育系统、个人、环境和气候变化所产生的负面影响。同时，预测隐性或未知风险并制定预防策略也同样重要。

- **保护数据隐私和网络安全：** 最常见的风险往往与数据隐私和网络安全有关。至关重要的是，政策和总体规划应包括制定和实施保护学习者、教师和家长的数据隐私的法律或监管框架，应通过技术的方法和以人为本的措施，保障个人和机构的网络安全（见**第4章**）。

- **增进数字福祉：** 在教育中滥用或过度使用信息与通信技术会损害学习者，特别是年幼学生的数字福祉。其带来的负面影响包括网络成瘾和因长时间使用屏幕而导致的视力下降，以及令人不安的网络内容、网络暴力或霸凌而导致的心理问题。因此，应制定具体的实施策略，以防范这些已知的风险，并对潜在的其他隐患保持警惕。

- **减轻对环境的影响：** 如上文所述，由于使用电力会消耗碳，信息与通信技术应用是影响气候变化的温室气体的主要来源。此外，那些不再使用的数字设备常常被倾倒在自然环境中，而非回收利用，由于缺乏降解措施，这就导致了信息与通信技术会产生污染生态系统的电子垃圾。因此，政策制定者需要了解并关注信息与通信技术产生的电子垃圾碳足迹，以确保政策的制定能够促进碳中和或符合碳减排原则，推动采用节能手段，并进行电子垃圾回收。

🔍 案例

- 2019年10月，中国网信办和教育部出台规定[63]，旨在限制智能摄像头、智能头环和其他设备在学校的使用。

- 韩国国家信息社会署（National Information Society Agency）自2002年以来成立"网瘾预防中心"预防和治疗网络成瘾[64]。

在全社会倡导技术驱动的开放学习系统

新冠疫情让人们越来越清楚地认识到，所有国家都需要开放的、具有抵御危机的韧性的学习系统，以确保在面对更为频繁的教育中断浪潮时，学习的连续性和质量依然可以得到保障。建立具有抵御危机的韧性的系统有赖于合理的技术应用。倡导有关于连接和扩展学习空间、管理跨平台数字学习资源以及打破校内外学习边界的"开放文化"非常重要。改革学校教育的供给方式需要结构性变革。要做到这一点，政策的制定必须考虑到教育部门及其分部门与不同政策领域之间的衔接，以及重新规划法规与行动方案的必要性。将开放学习系统和学习结果置于优先地位，也催生了对开放教育资源和开放实践的需求。政策制定者需要从全社会或跨领域的角度，审视教育信息化的资源供给、调动和整合。对于那些由多个部委（例如科技部和财政部）共同负责家校连接的国家，这项工作或许更具挑战性。

Q 案例

■ 中国能够调动全社会的资源提供在线课程和相关学习资源[65]，以应对新冠疫情对教育的干扰。

■ 联合国教科文组织2020年启动了一项技术驱动的开放学校项目[66]。

优先考虑持续支持教师和激励有效措施

专栏9：《青岛宣言》

把信息通信技术成功地纳入教与学要求重新思考教师的作用，改革师资培养和职业发展。这要求在人员支持、学生支持、课程设计、课目设计、课程讲授、战略规划与发展等各个方面都形成讲求质量的文化。因此我们将确保师资培训机构有能力、有准备，充分运用信息通信技术，使全体教师更多地从培训和职业发展中受益，在技术支持型教育创新中充当先锋。我们也致力于为教师在教学中运用信息通信技术提供全系统支持，激励教师创新，发展各种网络和平台，使教师们能够分享有益于同行和其他利益攸关方的经验和方法。

来源：《青岛宣言》，UNESCO，2015a，第11条。

正如**专栏9**中《青岛宣言》（UNESCO，2015a）所指出的，一项政策在任何社会领域中成功实施的关键在于改变系统中实践者的行为。教师往往会受到全新教学环境配置的挑战，特别是当他们需要将技术深度融入以学生为中心的教学实践时。这一问题最好通过为教师提供专业发展机会来解决。在做出有关教师专业发展的决策之前，应首先考察以下方面：教师培训机构已经提供的课程；学校环境对教师（特别是新入职教师）在教学中使用信息与通信技术的引导作用；实施新的教育信息化政策和总体规划后，为教师提供的在职培训；以线上或线下方式开展的同行交流与研修的费用与收益。当信息与通信技术的融入导致教育行政管理发生结构性变革时，需要给予教师特定的支持，以帮助他们适应此类变化。

教师和其他教育实践者的行为也常常被那些用以评估他们自身及其所在机构的措施和方案，以及评估学生学习结果的标准所影响。若政策的目的在于鼓励创新性实践，则需要对评估方案做出相应调整，以引导预期的变革。激励机制应被纳入政策的实施战略中，包括将创新实践与教师的绩效评估挂钩，并通过荣誉称号或经济奖励对创新予以表彰。

Q 案例

- 《教师信息和通信技术能力框架（第3版）》（UNESCO，2018c）旨在加强对教师信息与通信技术教学应用的职前和在职培训。

- 韩国每五年制定一次教育信息化总体规划，截至目前已制定的五个总体规划中都提到为所有教师提供培训，并对那些设计创新实践的"明星教师"予以奖励（UNESCO，2019c）。

监测和评估政策实施情况，加强循证基础

合理、透明且与政策相一致的监测和评估机制，始终是实施任何战略的关键一环。这一机制旨在衡量和判断政策在多大程度上真正实现了所要求的结果。鉴于信息与通信技术可以用于支持实现可持续发展目标4的多个领域，本出版物提出了一个构建综合且审慎的评估框架的方法。正如**第1章**中所概述的，证据收集应针对信息与通信技术支持下的教育管理和利用信息技术扩大教育机会、提高学习的适宜性和质量、实现终身学习和数字技能发展。除了对政策的实施情况进行监测和评估，还应对政策和总体规划的影响，以及对教育信息化应用的长期影响（包括预期和非预期的结果）进行独立的深入评估，以扩大循证基础。同时，建议研究评估方案涵盖对新兴技术及其对教育产生影响的考察，以确保当地教育系统能够紧跟最新趋势、把握眼前机遇。

Q 案例

- 2017年，基于对人工智能的兴起及其在各领域潜在影响的审视，中华人民共和国政府发布了《新一代人工智能发展规划》[67]。

4. 政策与总体规划研制路线图

政策规划是一个灵活的概念，因此在具体实践中毋需遵照僵化的规则。政策实施想要取得成效，需要众多机构和利益攸关方的通力配合。基于此，本章将政策规划描述为受政策影响的各方共同参与的过程，同时承认人的主观能动性在政策制定过程中发挥的关键作用。下文提及的路线图是一个持续的合作过程，在其中，攸关方无论价值观相同或相异，都通过公开咨询的方式追求政策的形成与完善。

正如《开放教育资源政策制定指导纲要》（Miao et al., 2019）中所总结的那样，政策失败的主要原因可归为以下三点：目标不切实际、自主性缺失，以及对目的有误解。以上三个问题可以通过本章提出的参与式方法，包括广泛咨询及合作伙伴的参与加以改善。尽管本章仅在步骤1中提供了根据总体规划草案组织咨询的详细建议，但政策制定的每一步都需要合作伙伴和其他利益攸关方的协同参与。前期的咨询有助于各方了解政策的目标和初步行动构想的可行性，并识别潜在风险。该阶段开展的咨询将有助于汇聚跨学科知识，发掘可利用的资源，并揭示潜在危机。

联合国教科文组织开发的一套在线工具和资源中心，即"教育信息化政策工具包"，为教育信息化政策和总体规划的制定提供了分步骤指导[68]。该工具包主要分为两个部分："总体规划"和"资源"。"总体规划"部分围绕工具箱展开，包含对政策制定过程的具体建议；"资源"部分则包含了每个工具箱中提及的参考文献条目以及检索工具。这一分步骤指导旨在为政策制定过程提供一个框架，在全局规划的背景下评估每一项决策，并与其他决策进行对比分析。然而，分步骤设计的指导并不意味着政策制定是一个线性的、连续的、点对点的过程。在实践中，政策与总体规划的制定"步骤"相互交叉影响，可以并行设计。同时，在后续的每个步骤中，都需要重新审视先前做出的决策，有时还需要对其进行修改。

4.1 步骤1：政策制定的管理与指导

在**步骤1**的执行过程中，政策制定者可参考"教育信息化政策工具包"中的工具箱1[10]。

4.1.1 步骤1.1-建立规划委员会和工作组

若要使政策制定过程规范化，首要任务是建立一个规划委员会以管理和指导政策的设计和实施。委员会的建制和名称可视情况而定，譬如政策协调委员会、指导委员会或高级别委员会。

根据政府对政策的政治承诺，国家元首可以任命高级别理事会或委员会，由其掌握对法规和公共预算分配的最高级别决策权。规划委员会下辖的理事会应得到最高行政层（如内阁、部长、教育机构负责人）的明确认可，从而直接对整个政策研制过程全权负责。应确保理事会成员覆盖所有相关的政府机构（包括教育、财政、信息与通信技术或电信、出版、知识产权和数据安全）、部门、组织和个人。理事会应由常任委员组成，任期应覆盖政策制定和实施全程。规划委员会的成员可以根据政策的范围和实施期限进行调整和轮换。

政策制定过程也可以通过建立一个行政规划委员会来统筹，以确保总体规划的批准和发布。行政规划委员会可以下设由政府机构官员和专家组成的分组委员会或技术工作组，以及协调各委员会或工作组的秘书处。规划委员会应与教育系统的正式组织架构紧密联系，从而将治理和政治层面的考量与政策的具体实施联系起来。

组建规划委员会有助于开展参与式的实践，让包括发展伙伴、捐助者、民间社会组织、非政府组织、学术界和私营部门代表，以及学生、家长、学校行政人员和教师工会代表在内的利益攸关方能够参与进来。他们参与规划过程将加强政策和总体规划的合作主导权，并增加实施过程中的合作伙伴数量。

4.1.2 步骤1.2-审查并协调跨领域法规和政策的一致性

在初期阶段，规划委员会需要审查是否制定了跨领域的总体监管框架来管理和决定一系列标准化程序，涉及可将哪些技术和数据应用于教育，应当如何获取和部署，以及哪些做法可以被允许。教育信息化政策制定需要考虑的通用规则将在步骤4中进一步说明，包括数据隐私、网络安全和内容许可。高级别委员会需要预测潜在的问题，并在整个规划过程中审查和协调这些法规。部门间协调过程中最具挑战性的议题之一是对在线学习实施零费率政策。这需要电信部门和其他有关机构建立一个在线学习网站名单，自动免除这些网站的联网费用，以供学习者免费访问。如果议题涉及多个部门、法规的多个方面，相关的谈判和协商只能交由高级别委员会完成。

教育信息化政策还需要与其他现行的教育政策或跨领域发展战略相协调，这意味着可能需要对现行政策进行调整或改革。教育信息化政策可以采用全政府参与的办法，推动信息与通信技术在本国不同地区的普及和有效应用。在这种情况下，应由教育部制定独立的教育信息化政策，同时将其作为更广泛的跨领域政策中的组成部分，以利用信息与通信技术促进国家发展。

4.1.3　步骤1.3-初步决定政策的范围、有效期限和预期的审核批准机制

在制定政策之前，规划委员会可以在以下方面做出决议：

- **政策的有效期限：**委员会应为政策设置一个特定的有效期限（例如，五年）或具体的结束时间（例如，2030年）。如果政策预计实施时间较长，则实施计划可以三至五年为期限分阶段进行。

- **政策的范围和侧重领域：**涉及的分领域将在**第5章**中详述。规划委员会可能会做出初步决议：其一，是计划制定面向全部或大部分主要年级和所有教育类型的全领域教育信息化政策，还是将重点放在特定的分领域（例如，基础教育、技术和职业教育与培训、高等教育，或正规教育机构以外的非正规教育或终身学习）；其二，是关注所有主题领域，还是只专注于一个特定的分主题领域（例如，教育管理信息系统，或数字化学习资源）。

- **预期政策审核批准机制：**规划委员会应明确政策由谁审批（如国家元首、内阁、部长或教育机构负责人）、政策审批方具备的法律效力，以及审批生效的议定书。

4.1.4　步骤1.4-把组织咨询作为引导合作伙伴参与政策制定的策略

咨询和参与过程对于争取合作伙伴和众多利益攸关方的支持至关重要，同时也对意见征询以及政策和总体规划的最终定稿至关重要。咨询过程应贯穿总体规划研制路线图的始终，这有助于实现以下目标：

- 征询关于政策和总体规划的制定与起草的批判性反馈，并为文件定稿提供建设性意见。

- 帮助合作伙伴加强对政策和总体规划的期望变化和所需过程的理解，并使他们具备适当的能力。

- 持续加强主要合作伙伴和利益攸关方的自主权，并开始使其参与政策的实施。

常用的咨询方法包括:

■ **广泛的公众咨询**，可通过人人均可填写的在线或书面调查问卷，或与公众代表举行意见征询会（线下或线上）来进行。

■ **专题小组讨论**，例如与选定的代表或专家举行研讨会，征求他们对具体问题的意见。

■ **访谈**，有助于收集第一手资料，并从主要利益攸关方处获得直接反馈。

■ **持续的知识共享**，可以通过简报、网站或其他媒体来促进知识的共享。

■ **定期会议**，召集理事会成员和协调机构的定期会议。

此过程可以由规划委员会，或受委托开展咨询的外部独立研究机构或咨询机构筹划组织。

表5中总结了可能参与咨询过程的利益攸关方，可以动员他们为政策的制定和实施发挥两类补充作用：为政策和总体规划的最终定稿提供支持、反馈和建议，以及参与总体规划实施过程中的某些任务。以此为基础，**表5**就面向不同群体应采取的咨询方法以及咨询的主要目标给出了具体建议。

表 5 利益攸关方、相关方法和咨询目标

咨询群体类型	咨询对象构成	咨询方法	咨询目标	预期效果
有权制定法规或提供资金激励的组织	负责下列事务组织的代表：法规、质量保障、机构工作人员的资历框架、跨领域公共基金、硬件定价监管、数字服务	· 专题小组 · 理事会例会	· 审查法规、质量保障机制、资历认证方案、通用服务基金、零费率政策和招投标法律程序的可行性	· 审批通过法规并促进能力发展
终端用户群体	学习者代表、教师代表、信息与通信技术支持人员代表、教育机构领导代表以及被要求指导居家学习的家长代表	· 专题小组讨论 · 面向特定群体的访谈 · 持续的知识共享	· 就期望的变革的可行性征集反馈意见 · 获得针对教与学实践的深刻见解 · 树立意识并培养能力	· 将信息与通信技术融入日常课堂教学实践 · 创造并分享创新成果
数字化学习服务的私有供应商	提供硬件、数字服务和数字内容的私营公司的代表	· 专题小组讨论 · 面向特定群体的访谈	· 就具体涉及私营部门的法规征集反馈意见 · 动员对总体规划中技术相关部分增加投入 · 倡导人文主义原则	· 调动私营部门的资金和资源 · 通过相关法规并促进数字创新成为教育公共产品

续表

咨询群体类型	咨询对象构成	咨询方法	咨询目标	预期效果
研究与评估团体	来自各国教育机构、高校和研究界的国际和本地专家及代表	·专题小组讨论 ·面向特定群体的访谈 ·持续的知识共享	·就总体规划的愿景、目标、指标和行动计划征集反馈意见和资源投入 ·调动对预计采用的监测和评估方法，以及研究的投入	·实施能力建设项目 ·实施或推动评估与研究
当地公共社群	当地公共社群的代表，特别是来自图书馆、社区服务中心和慈善基金会的代表	·公众调查 ·专题小组讨论 ·持续的知识共享	·增强意识，达成共识 ·征集一般性反馈意见	·最大限度减少公众阻力 ·调动外部资金和资源
国际组织	包括联合国、非政府组织和国外援助机构等在内的国际组织代表	·专题小组讨论 ·面向特定群体的访谈 ·持续的知识共享	·征集反馈意见 ·探索与正在进行或计划进行的方案的协同作用，以及与国际社会资金的协同作用	·计划并实施合作方案 ·共享资金和资源 ·促进思想交流和合作学习

4.2　步骤2：政策评估与需求评价

在**步骤2**中，政策制定者可参考"教育信息化政策工具包"中的工具箱2.1[10]。

建议政策制定者对先前的教育信息化或其他相关政策进行彻底评估，以决定即将制定的政策的关键方面。政策评估应至少包括对现有政策的分析、需求评价和形势分析。需求评价的主要目标在于阐明需要解决的挑战或达成的愿景，进行创新和前瞻性思考，并提出对已看清的挑战的初步应对方法。应评价现有的政策，确定薄弱环节，明确预期结果，同时考量未达预期的根本原因。政策评估的目的在于确定需要进行的变革以及背后的原因，并为公共干预和新政策议程的实施提供合理依据。此时应考虑**变革理论模型**的作用，该模型包含对于特定背景下为何期望变革及变革要如何发生的综合描述与解释。变革理论模型应在明确长期目标后向前回溯，以确定政策成功实施的必要前提条件。

例如，联合国教科文组织在2013年对马来西亚的政策评估中[69]确定了该国在推进教育信息化整合以实现迈向知识和创新驱动经济的政策目标时所面临的主要挑战。这些挑战包括：

- 需要制定包含阶段性目标、具体目标和适当辅助资源的清晰路线图，以指导国家发展方向，从而实现培养世界一流人才、建设知识经济的最终教育目标。

- 需要将教育信息化定位成教育改革举措中的一项关键推动因素。

- 需要系统性的支持机制，以激励并促进学校和教师开展信息与通信技术驱动的教学法创新及评价创新。

- 需要建立统一标准，以评估、支持、监督和奖励教师与学校层面的创新实践。

- 需要具备引导创新和灵活实施的能力，以实现信息与通信技术应用的政策目标。因此，需变革必要的管理策略，鼓励各个层面的创新；建立确保基层参与政策及其实施决策的机制；促进合作伙伴和利益攸关方之间的沟通。

- 需要加强教育信息化政策及其实施过程的包容性，使家中没有计算机和互联网的学生仍可获得学习机会（如通过家庭补贴的方案），同时还需要解决长期存在的数字和教育鸿沟。

- 需要将数据管理纳入顶层协调，以避免基于信息与通信技术收集、处理和分析数据的分散性。

4.3 步骤3：确定政策愿景并制定政策框架

在**步骤3**中，政策制定者可参考"教育信息化政策工具包"中的工具箱2.2[10]。

4.3.1 步骤3.1-确定政策愿景

政策愿景**应清晰且系统地描述政策成功实施应带来的改变与产生的结果**。因此，愿景应立足当下，同时关注预期的未来。换句话说，其目的是对政策评估中发现的先前未能实现的目标进行反思，同时也将新的目标和预期的发展结果纳入考量。应基于教育部门的当前规划来寻找优先领域，以确保教育信息化政策的愿景与国家发展的更宏大的优先领域协同一致。特别是，这一愿景应以人类的福祉和能力发展为中心，将人文主义原则具体化。此外，应该优先为边缘化群体提供技术支持和互联网连接，以促进当地和整个国家的社会经济可持续发展。愿景的确定应避免仅关注那些已有机会获得信息与通信技术支持的学生，而将边缘化群体抛诸脑后。

愿景的表述应**简要而具体**，并为后续的政策制定步骤提供方向。最好先形成一个总体的社会愿景，然后将其与具体政策中重点关注的教育愿景联系起来。例如在《青岛宣言》中可以找到这样一个总体愿景："为实现更加优质的教育和改革学习方式挖掘信息通信技术的潜能。"（第9条）。在**第5章**中提供了不同侧重领域下愿景表述的具体示例。跨领域政策的愿景表述应将这些内容联系起来，为提供更好的全民教学与学习环境描绘清晰的前景。

还应当根据对当前状况的**差距分析**来检验已确定的愿景。由于差距分析能够提供有关当前教育系统所面临挑战和机遇的现实图景，因此它有助于确定一个国家为实现其目标应施行的项目领域（Miao et al., 2019）。在评估现行政策的基础上，差距分析将能够帮助测算实现愿景所需的时间、资金和资源，从而检验愿景的有效性，以便在必要时重新制定愿景。差距分析还能够为总体规划的研制提供背景信息。

4.3.2　步骤3.2-制定政策框架

步骤3结束时，政策的有限期限、范围、主要侧重领域和政策审批机制应已确定，其主要内容也应起草完毕。虽然大纲和标题各不相同，但教育信息化政策应至少包括以下关键要素：

- 序言或介绍；

- 背景和现状分析；

- 基本依据；

- 有效期限、范围和政策协同；

- 指导原则；

- 操作层面或总体层面的实施策略；

- 愿景表述或政策声明；

- 政策框架（重点领域及其目标或战略目标）。

4.4　步骤4：构建总体规划

在**步骤4**中，政策制定者可参考"教育信息化政策工具包"中的工具箱3[10]。

总体规划是一个**具有可操作性的变革理论模型**，通过确定每个项目领域的预期结果，设定指标并明确施行期限，总体规划可以说是指导一个领域可持续发展的中期或长期计划。从这一步开始，我们需要向前回溯，考虑施行何种干预措施能够有效弥补差距并实现具体目标。

总体规划明确了需要变革的内容，它可以涵盖指导框架所示的多个要素，如：学习结果和人的发展结果；学习资源；预期的教学实践（教学、学习和评价）；教师有效利用信息与通信技术进行教学的能力；以及适当的技术，包括机构提供课程的技术和个人访问数字课程的技术。**第5章**提出了与不同政策领域相对应的总体规划具体工作重点和关键要素。在对特定领域或主题进行详细规划之前，教育信息化总体规划应首先覆盖关键的横向条件因素，尤其是法律规章、预算规划、质量保障措施、能力建设和激励机制。

4.4.1　步骤4.1–法律与法规

如果在新政策实施之前就已存在相关的监管框架，则必须根据新的教育信息化政策中的全新需求和总体规划的所有关键领域对其进行评估。必须围绕以下三个基本主题制定和实施监管框架及法律，以确保在教育中以合法、合乎伦理且安全的方式使用信息与通信技术。三个基本主题分别为：数据隐私、网络安全和内容使用许可。

数据隐私

技术驱动的学习是基于用户和信息与通信技术系统之间的数据流实现的，而其中一些数据可能具有高度的私密性与安全敏感性。面对数据支撑的信息化手段的指数级增长，引入政策和总体规划最重要的前提是确保制定并实施相关的法律或法规，规范对由学习者创建的数据的使用。这些保护教育领域数据的法律法规应做到以下几点：

- 无论数据由谁收集和处理，都应确保学习者或其法定监护人始终是其数据的所有者。

- 数据的收集方式、处理目的，用于处理数据的算法，以及向教师和学习者解释数据处理结果的方式都要公开、透明，特别是在私人合作伙伴参与数据收集和处理的情况下。

- 确保个人数据的安全存储和管理。

- 防止数据被用来做损害学习者当前及未来的教育和个人福祉的决策，如过于消极的评价、对学习者能力的直接判断或对其未来发展的僵化预测。

欧盟于2018年出台的《通用数据保护条例》（GDPR）[70]旨在管理社会和经济各领

域的数据使用。恪守该条例是任何教育信息化政策的第一要务。

网络安全

网络空间带来的威胁与日俱增，每个学校、教育机构或个人用户都是潜在的受害者。有关保障网络安全的法律和法规应作为教育信息化政策中最重要的条件因素之一，这类法律和法规应至少涵盖三个层面的内容。

第一部分内容适用于国家或中央学习管理平台。所有学习者和教师使用的平台都必须提供必要的技术和人力支持，以安全地存储任何类型的数据，确保数据的保存不得超过必要的期限；同时保障在线教学、学习和通信的安全。平台的管理人员应负责向报告网络安全漏洞的用户及时提供支持。

第二部分是学校和教育机构负责确保其在线平台、应用程序和设备符合网络安全法规。当这些机构采用云端平台和应用时，应制定具体的规章制度，以界定并强化它们与供货商以及实施安全检验和监管的政府机构共同承担的责任。

第三部分是法规中最重要的部分，即个人学习者的安全，最敏感的问题与年龄限制有关，特别是涉及社交媒体服务的年龄限制。社交媒体服务为个人创造了与陌生人社交的私人空间。同时，这种社交往往背着教师和家长而进行。社交媒体服务对学习者网络安全和福祉产生的其他威胁包括：网络霸凌；窃取个人信息（如财务细节和家庭住址）的网络钓鱼攻击；社交媒体平台鼓动的儿童在线约会；接触涉及暴力及色情画面的不当内容；以及沉迷游戏和社交媒体。因此需制定法律法规，以保护学习者免受上述及其他未知威胁的侵害。最常见的方法是禁止社交媒体向未达规定年龄的儿童提供服务，这就要求平台供应商运用内容过滤技术，筛查和删除针对年幼学习者的虚假错误信息及不当内容。例如，美国的《儿童在线隐私保护法案》[71]规定，未经家长许可，组织或私营社交媒体供应商不得为13岁以下的儿童提供服务。目前，TikTok、Instagram、Facebook、Snapchat、Twitter和YouTube都在用户使用条款中纳入了这项规定。欧盟2018年通过的《通用数据保护条例》将16岁规定为使用社交媒体的最低年龄，包括WhatsApp、LinkedIn、Flickr和Vimeo在内的社交媒体供应商目前都遵守了这一条例。

针对教育信息化服务提供商的一项更具体的规定是，需要为在线课程和服务以及数字应用程序和设备创建一个审批和认证框架，以确保只有可信且已获认证的课程和服务提供机构能受到推荐，并且教育机构的计算机上只能访问和使用它们的产品。需要特别说明的是，教育信息化政策应要求开发课程，使个人用户特别是学习者能够最大限度地了解如何在保护个人网络安全的同时，以合法、安全和合乎伦理的方式使用信息与通信技术。

内容使用许可

数字格式和数字工具往往可以简化并支持现有学习材料的共享、复用和修改过程。然而，知识产权作为一种存在于大多数国家的法律权利，授予了所有者掌控其作品的使用、复制和署名的专属权，以及与任何使用或复制其作品有关的获得补偿权。作品的作者即默认为知识产权的所有者，除非他们将该权利转让给其他人，如出版商——这一行为必须通过合同明确达成。这意味着侵犯知识产权是所有教育信息化政策可能面临的风险之一。开放教育资源是一种已经获得授权的学习材料，无须联系原作者即可对其内容进行改编和再利用。开放教育资源可以增加高质量学习材料的获取机会。通过开放许可授权，可以对这些学习材料进行情境化改编，以使其适应特定区域的课程目标。因此，联合国教科文组织建议所有国家的政策制定者和教育领域的利益攸关方使用开放许可授权的学习材料和开源软件（Miao et al., 2019）。为此，规划委员会必须决定在公共资金支持下开发的教育资源采用的许可证类型，同时启动一项全面的协议，与负责知识产权的公共部门以及将受到采用开源许可证影响的合作伙伴进行协商。

4.4.2　步骤4.2-预算的规划与协调

需要确保有充足的经费预算，用来获取（采购、租赁或借用）和维护数字基础设施和设备，以及支持教师和学习者将信息与通信技术融入高质量教学实践的能力培养倡议。因此，总体规划中的每项活动和所有跨领域项目都应附有详细的实施成本测算和预算规划。但令人担忧的是，一些教育信息化政策在没有确定总体成本和资金来源的情况下就获批生效。如果总体规划未能估算出全部成本并确保有足够的预算，那么规划可能会在实施过程中遭遇严重问题。例如，政府可能会认为给每个学生提供在校使用的平板电脑很有吸引力，从而斥资购买大量设备。然而，当平板电脑送达学校时，教师可能会发现缺乏合适的教学资源，而设备所含的内容可能都无法与学校课程相匹配。无论如何，教师都需要在专业发展方面获得全面的提升，从而了解如何在课堂上有效地使用平板电脑——这同样需要适当的预算和资金支持。最后，还需要让校长拥有足够的预算用以支付因使用平板电脑而增加的电费以及技术支持和维护费用。

估算总体拥有成本

为了估算不同工作重点或具体项目的成本，需要利用"总体拥有成本"（TCO）的方法。为采购最引人注目的设备所支付的初始投资只是总体拥有成本的一部分，有时只占有效利用设备所需总成本的25%以下。这意味着70%以上的费用，包括常规性支出和隐性支出，常常是超出预想的。根据**第3章**中介绍的指导框架，**表6**总结了成本项目和成本分配的情况。

表6　技术驱动的开放学习系统的总体拥有成本模型

组成部分	项目	现有资源或基线资源	持续成本
技术（开放并具备危机应对韧性的学习系统的基础）约占总预算的33%	采购校内电脑的初始成本		预期的计算机数量与学生数量的比例（如1:5）
	用于校内互联网连接的初始成本		预期的学校带宽
	用于校内教室和计算机实验室翻修的初始成本		教室和电力供应所需的条件
	用于学校计算机外围设备的初始成本		预期的学校计算机外围设备
	为残疾学生提供包容性设备和工具的初始成本		足够的设备和工具以支持残疾学生
	学校的年度常规性支出，包括电费、计算机及外围设备的维护及维修，或更换损坏设备		校内电力供应年度支出，也考虑到可能的创新，如补充太阳能发电
	用于校内互联网接入的常规性支出		建议对教育数据施行零费率或费用减免政策
	用于家用计算机的常规性支出（补贴、贷款等）		家庭配置或使用数字设备所需的补贴或贷款
	用于家庭接入互联网的常规性支出（补贴、贷款等）		家庭接入互联网所需的补贴或贷款
	用于启动国家或中央学习管理平台的初始成本		预期的技术能力（可承载所有教师的同步访问）
	中央学习管理平台日常维护、更新或升级所需的常规性支出		用于维护、更新或升级中央学习管理平台的常规性支出增加
	与其他新技术有关的费用		
学习资源的开发与整合约占总预算的33%	与国家课程体系一致的、涵盖所有科目和年级的数字/远程学习课程的初始成本		在线课程的预期管理及覆盖范围（所有年级、所有学科领域）
	更新数字/远程学习课程的常规性支出		支持学习、教学、评价和学习管理的预期功能
	其他新项目		

组成部分	项目	现有资源或基线资源	持续成本
教师培训和支持 约占总预算的33%	用于开发和认证教师培训课程的成本（包括为在职教师制定国家信息与通信技术能力标准的费用）		用于开发和认证全新教师培训课程的费用
	为所有在职教师组织培训的总费用		所有教师的培训费用
	支持在职教师有效使用信息与通信技术和持续专业发展的常规性支出		支持在职教师有效使用信息与通信技术和持续专业发展的常规性支出增加
	职前教师培训课程所需费用		协调培训课程与认证的费用
	支持父母或监护人指导居家学习的费用		为指导居家学习的父母或监护人提供额外支持的费用
	其他为教师和学习指导者提供支持及培训的新项目		

审计现有资金和资源

如**表6**所示，政策制定者应该对各部委、地方政府和学校层面的现有资金和信息与通信技术资源进行审计。如果该部委的年度预算包含采购计算机、购买或印刷书籍、更新课程或培训教师的费用，则可能需要增加预算以资助总体规划中的类似活动。这可能包括调整现有预算，以应对预算项目的结构性变化。例如，在采用预装数字教材来取代印刷书籍时，从前分配给印刷和分发书籍的预算可以用以支持数字教材预装。同时，还应对学校的预算和信息与通信技术资源进行审计，并将审计成本纳入对总体拥有成本的估算中。

协调预算与资金来源

在总体规划的预算编制阶段，应调整和调配多个资金来源以提高成本效益。

- **调动跨部门公共资金以支持宽带网络的普及：** 为发挥网络连接的优势，国际电信联盟和国家政策制定者提倡使用跨部门资金工具，提高宽带网络服务欠缺地区的宽带覆盖率和使用率。这些工具包括"（网络）普及服务基金"（USFs），它从高利润的电信部门的年收入中征集一定比例的费用作为公共资金，用于推进宽带的普及（GSMA，2013；ITU，2013）。世界上许多国家都已建立了（网络）普及服务基金。然而，也不乏（网络）普及服务基金政策应用失败的案例（Bleeker，2019；GSMA，2014）。因此，建议政策制定者考察本国应用（网络）普及服务基金的可行性和调动资金的可能性。

- **与国家优先事项一致**：教育信息化政策的目标与教育乃至国家的整体政策保持一致，将有助于筹集更多公共资金。

- **争取高层认可和财政支持**：争取获得高级别政府机构或官员的认可，也有助于获得更充足的预算拨款（Global Partnership for Education，2019，p.62）。

- **以结果为导向调配及协调其他资金来源**：如**第1章**所述，教育信息化总体规划是从国际和当地捐助机构、私营公司和非政府组织调配资金资源的政策杠杆。针对私营公司和非政府组织提供的国外援助和资金，需要采用一种以结果为导向的援助方法，也称为成果导向或目标导向的资助。应确定具体的结果、目标和指标，以确保能够衡量取得的成就，并得以监测具体目标的进展。除了筹集资金，基于结果的援助方法还可以用来为政策的实施制定激励措施。例如，数字设备将只提供给那些能够具体展示如何把这些工具融入教学实践的学校。这将鼓励学校制定适当的数字化学习战略，避免将过多的资金用于那些准备不足或不愿实施数字化学习的机构。

4.4.3　步骤4.3-质量保障机制

数字化的学习供给方式可能会引起人们对学习质量的担忧。新的学习形式之所以受到欢迎，是因为它们可以提供更为灵活的学习支持。然而，尤其是在正规学习中，重要的是要确保守住学习、教学和评价的最低标准。因此，质量保障机制的建立十分重要。通过制定标准，审查内部质量控制流程，确保其透明度和可信度。根据教育信息化政策的指导框架（详见**第3章**），质量保障机制不仅应涵盖学习资源，还应涉及如何统筹规划教育过程中所有要素的联动作用。正如资金不足可能会阻碍政策目标的实现一样，过于僵化的质量保障机制也可能会影响政策目标的实现。因此，在国家课程、评价以及对数字化学习的管理中，应追求质量保障和开放性之间的平衡。

🔍 **案例**

- 沙特阿拉伯的国家电子学习中心于2021年制定了关于基础教育、高等教育和教师培训的在线学习标准[72]，并由其理事会批准和发布。

4.4.4　步骤4.4-能力培养的支持

教学人员、教育机构负责人或管理者以及信息与通信技术系统的管理者和支持人员是成功采纳和维护政策规划方案的关键执行者。在差距分析中，应该已经对这些关键执行者的信息与通信技术能力进行了评估，从而深入了解他们需要进一步提高哪些技能以实现政策目标。由于对不同执行者和主要利益攸关方的技能与能力要求有所不同，设计得当的政策和总体规划应制定并动态更新机构中教学人员和技术人员的信息与通信技术能力标准。《教师信息和通信技术能力框架》（UNESCO，2018c）为各国进一步制定关于教师、信息与通信技术系统管理者和教育机构负责人的国家信息与通信技术能力标准提供了指导框架。

除了**第5章**详述的对提高不同实施群体能力的详细建议外，政策制定者还应基于以下几点，制定概括性的、循序渐进的能力培养方案：

- **师范院校职前培训课程：**此类课程是由高校和教师培训机构提供的系统性基础培训，旨在使职前教师具备成为合格教师所需的价值观、知识和技能。将信息与通信技术的教学应用培训纳入教师的职前培训课程是培养职前教师最重要、最有效的方法，但在政策规划中往往容易被忽视。如果为教师制定了国家信息与通信技术能力标准或框架，同时对教育信息化职前培训课程进行审查，使之符合国家标准，将可以确保所有新教师都能为在课堂上有效应用信息与通信技术做好充足的准备。

- **持续的专业培训：**许多国家都建立了为所有教职人员、教育机构负责人和信息与通信技术支持人员提供定期培训的体系，以便他们了解相关领域的最新进展。教育信息化政策中的能力培养项目既可以被纳入现有的课程，也可以作为新增的短期特色课程模块，利用数字化的形式提供。

- **支持教职工的专业发展：**持续支持教师专业发展的常见活动包括在线或面对面交流、当地或区域性活动，以及同伴互助活动。其他非正式的活动形式包括：交流想法和解决方案，参与挑战性合作等，这些活动可以提供构建实践共同体的机会，同时加强教育信息化应用的意愿。

4.4.5　步骤4.5-设置激励机制

相比法规，激励机制可以增强执行者的内在动力。依据**第5章**中建议的针对不同领域的激励措施，政策制定者应考虑在国家、机构和社区层面规划特定期限（如年度）和长期的机制，以激励和奖励将信息与通信技术应用于教育供给和管理的创新实践。

在国家层面，可以将信息与通信技术的有效应用纳入教育机构负责人、教职人员和信息与通信技术支持人员的绩效评估标准或框架中；制定明确的政策，奖励在全校范围内推广信息与通信技术应用的机构；为在教育教学中创新使用信息与通信技术的机构和个人颁发年度奖励。在机构层面，可以将信息与通信技术的创新应用写到参与政策实施的各类工作人员的岗位说明和奖励框架中。在社群层面，应鼓励并维持自我激励，以促进教育信息化应用的创新实践在社群中共享，并扩大其在实践共同体中的影响力。

4.5   步骤5：制定有效的实施计划

政策制定者可在**步骤5**参考"教育信息化政策工具包"中的工具箱5[10]。

在本阶段，政策不应再被视为一项计划，而应是一组指标，表明为了实现总体政策目标而需要在各个时期做出何种改变。在构建总体规划的环节中已经完成了决策，现在到了落实这一政策的时候。政策和总体规划的实施既是一个行政过程，即需要一定的决议和协议；同时也是一个辩证的过程，需要预测和协调各种变化，使总体规划中的所有要素相协同，从而成功实现愿景。

制定实施计划包含以下具体步骤：确定政策实施方法（4.5.1）；通过监测和研究寻求反馈和改进（4.5.2）；管理和协调政策实施的组织结构（4.5.3）；制定循证的迭接式实施周期时间表（4.5.4）。

4.5.1   步骤5.1-政策实施方法

在利益攸关方组成的金字塔结构中，顶部是行政部门和政策规划者，底部是大量的实践工作者，他们需要实施新的活动并确保教学目标的实现。一项政策要被对应的实践工作者认可，就需要把规划与实践联系起来，特别是当我们考虑政策的长期影响时。目前有三种较典型的实施路径，分别是：自上而下的路径、自下而上的路径以及混合路径——在实践中，由于受部门、背景以及其他系统及演变因素的影响，这些路径可能会以不同的名称出现。以下是对规划和实施上述三种路径的简要综述，以便政策制定者据此做出决策。

- **自上而下的公共政策实施路径**可以考虑促成优秀实践的所有影响因素，并提供系统的实施手段。这种方式的优势还在于能够使用监管、执法和资源分配的标准化工具，推动相关活动和行为的落实。鉴于此，该路径适用于当实践工作者认为政策实施构想存在争议、价值不大，或者缺乏实施政策的直接内驱力的情况。但其缺点在于，这种路径的工作原理基于通用的变革理论模型假设，这或许会导致其忽略成功所需的重要背景因素。如此可能会对教育信息化政策十分不利，因为这类政策往往致力于在新的学习环境和新技术的应用中改进教与学。自上而下的路径仅适用于探索性举措。此外，此种方式或许会忽略该领域的已有做法，从而无法利用过去的实践和经验。

- **自下而上的路径**始于对该领域实践者的支持。它的明显优势是可以借助发起人及其关联者的自我驱动，同时这一方式还特别关注具体的背景因素。采用此路径，必须通过具体的活动将实践从小群体爱好者传播到主流群体。它的明显缺陷在于，某些实践可能受到法规、公认准则或专业标准的约束甚至限制，而这些只能在国家层面的教育系统中修改。同时，自下而上的路径的另一劣势在于，它往往缺乏对整个政策实施过程的系统性观点，而仅关注在本领域中（例如，在自己的机构或社群中）的实际执行情况。

- **混合路径**兼顾了上述两种路径的优势，还能够规避两者的劣势。在这种路径中，政策规划所包含的愿景和目标将被转化为总体规划的组成部分。同时，由于政策的一些间接影响无法预测，该路径还可以基于实际情况进行考量。因此，关键是要确保高级别委员会面向执行者、从业者和主要利益攸关方开展范围最广的咨询活动，加强他们参与政策规划的自主性，并激励他们根据政策的变化采取行动。同时需要注意的是，必须协调和密切监测变革实施进程，使各级决策者和执行者能够齐心协力，成功实现政策实施的共同目标。

需要根据实际情况决定实施方案具体采取哪条路径：如果能够从此前实施的类似政策或方案中吸取教训，并且政策需要推动全系统的多重变革，那么自上而下的路径将在启动阶段发挥更重要的作用。与此相对，如果现有知识还不足以支撑制定一项大而全面的高级别政策，那么该政策应从自下而上的小规模试点方案开始。此外，当政策制定者在国家层面推广自下而上的创新时，也有必要相应地对国家政策和监管框架进行调整。

4.5.2 步骤5.2–通过监测和研究寻求反馈和改进

这一模块包含两个关键部分：行政监测与评估，以及研究。

监测与评估

监测与评估是确保政策和总体规划及时高质量实施的一项不可或缺的行政规程。监测评估机制可与质量保障机制相结合，但应由独立的质量保障机构定期以标准化的方式执行。它需要明确**关键业绩指标**（KPIs），以比对目标和进展之间的差距。这些指标应被明确界定，并以现实性假设为基础，即哪些数据和资料可以用可靠的方式被收集到。每个**关键业绩指标**都应有一条基线和一个确定的数据源。由于新的数据源可能价格高昂，因此规划委员会应尽可能利用现有的数据源，并建立可以用现有数据衡量的替代指标。在某些情况下，可以将数据源整合到通过常规渠道收集和分析数据的教育管理信息系统中，以达到控制成本的目的。应定期发布关键业绩指标报告，公布目前取得的进展以及未来可能面临的政策挑战。

通过制定量化的关键业绩指标，可实现两种目的。第一是衡量权重或指数值，并通告进展情况。例如，干预前与干预后每年具备信息与通信技术技能的教师比例。第二是表明一项标准化目标的实施进展状况。在此情况下，指标有时会被分解为一组连续的区间。例如，如果目标是"所有小学每周至少为学生提供一次上网机会"，则可以将指标划分为：少于25%的学生、25%—50%的学生、50%—75%的学生、几乎所有学生。

强烈建议为女性学习者、残疾学习者和其他边缘化群体制定分解指标，以确保能够收集有关数字鸿沟以及在促进公平和性别平等方面的精确信息。

研究

应对本步骤中实施的研究进行严谨的设计，以调查政策对教与学的真实影响，并将实际结果与提出的变革理论模型进行比较。在该领域展开的研究是对监测工作的一项重要补充，通过提供深层次的影响力证据来保障政策的可持续性。但无须过于频繁地开展研究。研究过程应采用多种定性和定量的方法，如结合行政管理数据、调查、访谈以及小组座谈，了解法规、活动与主要执行者的行为如何共同发挥作用。若想要保证研究结果的客观性，可由独立机构实施研究；若研究的目的在于鉴别存在的问题并调整实施战略，则可由执行机构或个人开展行动研究。在某些情况下，政策和总体规划还应包括以实践为导向的、针对政策中特别关键主题的理论研究，而关于这些主题的知识通常较为稀缺，不足以为政策制定提供循证基础。此外，应在**步骤2**（政策评估）中对数字能力的培养进行综合检视。

4.5.3　步骤5.3-管理和协调实施的组织结构

如上所述，总体规划详细阐明了每个模块的活动，而政策的实施需要在自上而下和自下而上的方法之间建立平衡，这就需要主要合作伙伴和利益攸关方的参与和共同努力，从而实现通过关键业绩指标衡量的具体目标。以上这些过程都需要一个组织结构，来统筹行动的一致性并协调跨部门的执行。

此处提醒，组织结构应包括：

- 一个有权管理和监督政策实施的中央理事会；

- 一个专职负责协调实施和管理合作的国家教育信息化机构；

- 一个负责政策实施的工作组。

政策实施监理会

并非所有国家的政府都会设立新的理事会来协调教育信息化政策和总体规划的实施。在某些情况下，规划委员会下设的理事会可以转变为实施监理会，其任务是指挥、监督和支持政策的部署。对于监理会的成员，应按照实际需求进行审查和更替。或者，也可以设立一个咨询委员会，由主要利益攸关方、管理机构、实施伙伴、信息与通信技术终端用户、直接和间接受益者以及了解政策背景并能够帮助政策通过审批的相关方的代表组成。在这两种情况下，理事会还应包括能够帮助管理政策实施，并有权修改国家或机构的跨部门规章的代表；以及家长、教师、知识产权法律专家，及来自部委、独立质量保障机构、国家机构、公共信息与通信技术和电信部门、私营公司，甚至是国际组织的代表。应起草一套政策管理原则并将其投入使用，以规范理事会的自主权和问责制。

理事会将承担以下职责：

- 确保政策符合法律、标准和程序，以引导政策的实施。

- 预测战略风险，控制可能产生的负面影响。

- 帮助保障公共预算，为政策实施提供充足资金，并在宏观层面监督财务管理。

- 调配和协调跨部门资金和资源，以确保政策实施的成本效益。

- 寻求和协调必要的国际合作。

- 审查并监测国家教育信息化专职机构和工作组的业绩。

国家教育信息化专职机构

设立一个专职负责政策实施工作的机构是政策成功出台的关键（UNESCO，2011）。这个专门的国家机构或协调单位，既可以与理事会有关，（在没有理事会的情况下）也可以独立运作。在某些情况下，理事会或咨询委员会是由这个国家专门机构建立的。同样，它既可以是政府部委下辖的一个部门实体；若其有能力协调政策的实施的话，也可以作为一个独立的机构运行。

该专职机构主要负责以下工作：

- 发起和协调适用于目标的措施或方案，以支持和协调政策的实施；

- 执行并支持其直接管控的主要项目，例如建立和管理国家学习平台、内容管理平台、教育管理信息系统；

- 与合作伙伴协同实施重要项目；

- 管理公共预算；

- 监测实施进度和质量；

- 委托独立的评估和研究；

- 协调向高级别行政机构和公众定期汇报工作进展；

- 实施国际合作。

工作组

如果成立了协调政策实施的理事会，通常也会同时设立一个工作组来承担国家专职机构的主要职能。或者，也可以直接在专职机构下设置工作组，工作组主要负责执行法规，并启动总体规划中的主要项目。

🔍 **案例**

国家教育信息化专职机构案例：

- 韩国教育与科研情报服务部[73]。

- 国家电子学习中心[74]，是沙特阿拉伯部长理事会设立的独立学习中心。

4.5.4　步骤5.4-制定循证的迭接式实施周期时间表

为政策实施制定的计划取决于政策实施的路径。基于自上而下路径的政策和总体规划是由新出台的法规及政令落实为预期实践的过程。与此同时，基于自下而上路径的政策通常由试点模式开始，然后针对取得积极效果的举措扩大实施规模。本出版物中列出的教育信息化政策与总体规划要件组合提出了一种综合的实施办法：从小规模开始，收集和分析证明其有效性的证据，调整政策和总体规划，然后在其规定的期限内扩大实施范围。

实施时间表应以迭接式执行周期为基础，以通过监测机制和研究收集到的实施效果的证据为依据。例如，如果总体规划包含将"为所有教师提供培训，使其能够应用信息与通信技术进行教学"作为进一步实施政策的先决条件，则实施时间表可能包括：在第一年对5%的教师进行培训并安排测试，收集有关培训项目、培训方法和培训效果的反馈意见和证据，并据此改进培训课程；然后，在第二年向30%—40%的教师推广培训课程；最后，在第三年把培训课程推广至全体教师。

此外，应设计一种机制，在国家层面收集、认可并主推自下而上的创新，这可能会引起法规和政策的新一轮调整。例如，爱尔兰政府颁布的《2015—2020年学校教育数字化战略》包含一个数字化学习框架和规划周期[75]，以帮助学校将数字技术嵌入学习、教学和评价中。这一规划周期能够帮助学校明确自身需要关注的国家数字化发展战略总体目标，并监测自身的实施进展。

该周期模型包含六个阶段：

1. 确定重点：学校熟悉政策的总体框架，并从中确定自身的重点关注领域。

2. 收集数据：学校收集基线数据，并分析重点领域中目标与现状之间的差距。

3. 分析与判断：学校以政府在总体战略中公布的优秀实践为基准，明确要遵循的工作重点。

4. 撰写和分享数字化学习计划：学校制定一项涉及在特定领域改善数字化学习预期结果的计划，并与教师、学生和利益攸关方分享。

5. 将数字化学习计划付诸实践：在全校范围内分配职责以实施计划。

6. 监测行动并评估影响：监测与评估将在内部进行，并向内部利益攸关方和国家协调机构报告。

爱尔兰采用的这一周期性计划强调政策实施的迭代性质，以及为将数字化融入具体教学实践而进行的制度战略调整。它将国家战略的总体目标与每个学校的具体实施目标相结合，鼓励新实践的迭代演进。爱尔兰通过对循证实践的支持和传播，来改进政策在学校层面的实施。这个周期性计划还通过合理的研究设计、基于高质量数据分析的报告以及不间断的结果的评估来鼓励创新。

4.6 步骤6：政策的审批与发布

在**步骤6**中，政策制定者可参考"教育信息化政策工具包"中的工具箱6[10]。

成功的政策和总体规划能为学生、教师、家长和学校提供预期的结果。政策和总体规划所针对的有目的、多方位的变革进程，在多个层面上影响着既定的教育系统，并涉及若干次迭代。任何政策都应通过迭接式的反馈循环，以循序渐进的方式制定，以确保其过程和结果可以反映合作伙伴和利益攸关方的关切。在制定整个政策和总体规划草案后，应继续将开展咨询作为确保合作伙伴参与的一项策略。

4.6.1 步骤6.1-政策的最终确定和长期执行

通过上述步骤，政策制定者将修订并推出政策和总体规划草案，并努力形成定稿文件。在**步骤3**制定的草案的基础上，定稿文件应至少包含以下部分：

- 序言或介绍；

- 背景和现状分析；

- 基本依据；

- 有效期限、范围和政策协同；

- 指导原则；

- 操作层面或总体层面的实施策略；

- 愿景表述或政策声明；

- 政策框架（重点领域及其目标或战略目标）；

- 总体规划的跨领域元素（法律或法规、预算规划、质量保障措施、能力建设和激励机制）；

- 关键领域的总体规划（针对每个领域或模块的规划，包括背景说明或解释、具体目标和指标、实施方法、预算和资源、关键行动、进度计划以及执行机构和合作伙伴）；

- 政策的发布策略。

规划委员会应对政策文件进行最终审核，并确保政策获得最高权力机关（具体视政策的范围和实施规模而定）的批准。同时，应在文件中清晰地标注批准意见。规划委员会还应争取政策和总体规划的法律约束力和预算分配方案。

4.6.2　步骤6.2-将举办政策发布活动作为沟通与建立伙伴关系的关键策略

这是从规划阶段进入实施阶段的时刻。因此，这也是激活结构性组织的时刻。规划委员会应与负责政策实施的协调机构或国家教育信息化专职机构共同规划和筹备政策发布活动。

应明确的是，政策的发布并不是政策进程的结束，而是政策长期实施和不断完善的开端，它仅仅构成了沟通策略的一部分。发布阶段要包含如下内容。

发布行政指令或命令

应向主要执行机构发布行政指示或命令，并通过官方媒体渠道，正式宣布政策和总体规划已获得批准并即将发布。可以在其后的发布活动上重申批准意见。

面向主要利益攸关方的发布活动

发布活动为执行机构、主要合作伙伴和公众提供了正式了解新政策的机会。发布活动应由部长等高级别官员主持开幕，以强调国家对政策的承诺。虽然发布活动可能主要反映机构领导层的关切，但也应有来自以下关键群体的代表参加：理事会、协调机构、国家教育信息化机构、终端用户群体、数字化学习服务的私营供应商、研究和评估专家以及当地社区。发布活动旨在确保在政策实施过程中发挥重要作用的群体充分了解政策预期，并提高即将参与其中的其他政府机关和合作伙伴的政策意识。在某些情况下，发布活动在向非政府合作伙伴通报资金缺口方面发挥着关键作用，以便为政策的实施寻求、建立或巩固伙伴关系。

网络研讨会及信息通报会

应为各执行机构的代表组织一次更深入的网络研讨会或信息通报会，以便他们充分了解政策的关键方案，规划协调一致的行动，明确牵头机构或个人，并最终确定政策实施的时间表。在组织网络研讨会或信息通报会之前，应为主要执行机构和个人提供政策相关的简介资料和能力建设课程，从而使其有能力对政策和总体规划进行解读。

提高公众意识的宣传和活动

提高公众对政策的本地适宜性和潜在惠益的认识，对于获取支持至关重要。这种有助于提高公众意识的活动不应局限于直接利益攸关方，还应采用关乎不同群体的利益和责任的个性化策略和形式。其中会包括海报展示活动、电视和广播节目、新闻文章、教育机构研讨会、专门网站，以及发布在社交媒体上的面向当地和国际行业专家的帖子或视频等。同时，向相关组织的关键决策者定期发送电子简报也十分重要。

5. 设计全领域教育信息化总体规划

本章围绕国家教育信息化政策和总体规划中广泛涉及的具有战略意义的重要领域或分主题，就如何研制总体规划提供了详细指导。总体规划的设计场景可能有许多种。如果规划委员会决定制定全领域政策，那么这些政策将涵盖大部分具有战略意义的重要领域或分主题。例如：在基础教育、技术和职业教育与培训、高等教育和非正规学习场景中应用信息与通信技术；将信息与通信技术整合进课程和评价体系；创建数字化学习资源；以及开发教育管理信息系统。在此情境下，为特定领域制定详细的总体规划，应当成为全领域行动的一个组成部分。而如果只选择其中某一领域作为规划的重点，则独立的分领域总体规划将成为政策的主要支柱。不可避免的是，许多横向问题适用于每一个分领域，所以本章会重复出现一些信息。

5.1　基础教育信息化的总体规划

专栏10：《青岛宣言》

我们承诺将在2030年之前，确保所有女童和男童，无论残疾与否、社会经济状况或地域位置如何，都能够使用相互连通的数字设备，拥有针对性强和顺应需求的数字化学习环境。为了力争普及基本教育和技能培养，我们建议所有教育利益攸关方都能认识到，参加保证质量的在线课程是面对面课程的一个替代或补充模式。

把信息通信技术成功地纳入教与学要求重新思考教师的作用，改革师资培养和专业发展。这要求在人员支持、学生支持、课程设计、课目设计、课程讲授、战略规划与发展等各个方面都形成讲求质量的文化。

来源：《青岛宣言》，UNESCO，2015a，第5、11条。

5.1.1 简介

从编程教学和计算机素养的培养开始算起，将信息与通信技术应用到幼儿园至高中阶段的教育已有近半个世纪的历史。过去，政策制定者关注的重点在于建设学校计算机室及实施计算机扫盲计划。后来，政策制定者的焦点逐渐转变为如何为师生提供数字化的学习环境、如何为学校提供数字化资源，以及如何培养教师的信息与通信技术能力。如今，世界上越来越多的人能够获得并使用信息与通信技术。教育转型正在进行中，要为幼儿园至高中阶段的所有学生在数字经济全球化的世界中生活做好准备。现代学校面临的挑战不仅在于教会学生如何阅读、写作、计算，还需要帮助学生获取科学与人文知识，获得21世纪技能，促进他们的个人发展，以及教会他们与他人和谐共处。

在快速发展的数字环境中，信息与通信技术应被视为可以帮助幼儿园至高中阶段教育转型的重要工具。虽然技术只是促成转型的因素之一，但这一因素不可或缺。正如第2.4节所述，应该利用信息与通信技术将基于校园的教学供给转变为技术驱动的开放教学模式，让人人可以随时随地享有泛在的、面对危机具有韧性的学习和人际互动。

5.1.2 定义

数字化转型是指利用信息与通信技术从根本上提高组织的绩效或扩大业务范围，包括利用某些方式深刻改变企业等组织的活动、过程、能力和模式，以充分利用技术组合及其对社会与日俱增的影响。因此，数字化转型需要考虑当前及未来的变化，并且有策略、有重点地推进。

学校教育的数字化转型包括教育目标、课程体系、教学方法和总体教育环境的转型。对以上方面做出的调整，旨在让学生成为信息社会的积极成员，并参与数字经济。

利用信息与通信技术扩大幼儿园至高中阶段的教育供给是学校数字化转型不可或缺的环节。它侧重于为所有师生提供用于教学的数字设备，以提高教与学的质量，并促进教育工作者的专业发展。因此，教育信息化政策的制定应充分考虑与学校数字化转型过程紧密关联的所有其他要素。

5.1.3 愿景

学生和教师应获得使用数字设备（如计算机、移动设备、平板电脑、打印机和机器人），以及数字化工具（如文字处理器、浏览器和人工智能驱动的工具）、学习材料（如文本、音视频记录和虚拟对象）和服务（如搜索引擎和社交网络）的途径。他们应能借此实现学习和教学目标，包括实施新的教学法，提高学校的包容性以及学校与社会需求的适切性，并促使学生成为积极的全球公民。

5.1.4　挑战

政策制定者如果期望通过在特定的经济和教学环境中部署信息与通信技术来改善教育，则需要应对以下挑战：

- 教育界缺乏对信息与通信技术应用的共同愿景，这类愿景不仅包括数字设备、工具和材料的获取，还包括学校文化的改变。

- 师生缺少满足教学目的的数字设备（包括移动设备）。

- 缺乏高质量（快速稳定）的互联网连接，或受到一定限制。

- 在快速变化的数字化环境中，教师的专业能力发展不足。这也是目前信息与通信技术与教学融合所面临的最大障碍之一。如果教职工队伍缺乏充分的准备，学校用于信息与通信技术基础设施的巨额投资将被浪费。

- 许多学校没有能力使用信息与通信技术来改善学习结果并促进有效教学方法的大规模应用。

由于缺乏明确的教学目的，一些学校的教育信息化政策和举措以失败告终，外界批评其缺乏有效性。因此，一些国家尽管并未停止对教育信息化的投资，但教育信息化已不再是其优先发展事项。由此看来，只有系统地部署信息与通信技术，从明确的教学需求出发，信息与通信技术才能够有效支持、丰富和变革学校教育。

5.1.5　目的和目标

利用信息与通信技术扩大学校教育供给的政策应考虑以下目的和目标：

利用数字基础设施促进学与教

- 每位教师和学生在需要时应能随时使用数字化（移动）设备，获得高速、稳定的互联网连接，以便在学校和家中进行教学。

- 每所学校都应配备所需的数字基础设施（如网络、服务器、计算机室、数字投影仪和打印机），以便采用有效的教学方法。

教师信息与通信技术能力的持续专业发展

- 应为教师和学校领导建立一个支持其持续获得信息与通信技术应用专业能力发展的系统。

- 应制定并不断更新教师和其他学校人员的信息与通信技术能力标准（要求）。

- 应将持续的专业发展纳入教学职能，并按需提供。

- 教师应能使用互联网上的教育资源，并参与线上的专业交流。

- 对于使用数字技术来支持课堂教学及自身的专业发展，教师应当有所准备并充满积极性。

广泛应用信息与通信技术，提高所有学科领域教与学的质量，实施有效的教学新方法

- 信息与通信技术教育应用的愿景应从教学需求和预期的学习结果出发。

- 向师生提供信息与通信技术应该作为变革教育过程整体工作的一部分。

- 学校应常态化地利用信息与通信技术提高核心学科领域的学习结果，发展核心学科的能力。

- 学校应将信息与通信技术用于与正规学习目标相关联的校外和非正式学习活动。

- 学校应鼓励当地社区和家庭积极参与数字化转型工作的开展和实施。

5.1.6 工作要点

为学校提供数字基础设施

建议的工作要点包括：

- **建立数据库，分析学校可用的数字基础设施状况**

为了提高数字基础设施的建设效率，应收集国家各类相关项目的高质量数据。通过建立数据库，可以确保收集到的数据覆盖政策实施的所有阶段（例如，从最初的立项阶段到完成阶段），并能够使不同的利益攸关方做出有效决策。构建数据库所需的步骤如下：

- 绘制一份详细的地图，显示数字设备、网络连接、设备访问、开放授权的学习资源的相关信息，及其在各校之间的使用情况。

○ 在数据库中认证并注册教职工和学生的可用设备，并计算出每所学校中设备与使用者的比例。

○ 测试学校和家中的网络连接速度，并记录在数据库中。

此类数据库的建立能够帮助审查不平等现象，同时也将有助于采取针对性的干预措施缓解此类不平等。可将开放授权的学习资源的使用水平作为一项指标，以衡量在实现信息与通信技术的公平获取和有效分配方面取得的进展。

■ **对学校的数字基础设施开展需求分析**

此时应考虑现阶段和未来对数字设备、互联网接入、传输容量、数字化学习资源和数字教材的需求。应该基于以下因素选择合适的数字设备：学生的年龄、个性化学习需求，以及学习活动是发生在课堂上、家中还是课后。

学校可以为学生提供适当的学习设备，也可以推行"BYOD"（自带设备，bring-your-own-device）政策，允许学生使用自带的移动设备。若要实施BYOD政策，建议：

○ 为学生提供必要的公共、快速、稳定的无线网络连接，以便学生随时使用。

○ 需要注意学生的自带设备可能没有达到安全标准或不具备存储个人数据的功能。

○ 为负担不起数字设备的学生和家庭提供相关服务，并制定具体政策。

○ 全面考虑教师在课堂教学中管理多种平台和设备时所面临的挑战，确保教师了解存在某些教学活动与某些设备不匹配的情况。

■ **确保足够的技术支持**

技术支持包括：用户服务平台的运行、软件故障的排查、设备维护和升级、数字化学习资源和软件的许可，以及网络（质量与安全）监测。上述技术支持所需成本较高，应与购置、安装和更新设备所需预算一同审议。

■ **确定实施方案及基础设施组件**

应采取各种方式，让所有师生都可以在教学环境中使用上数字设备，譬如承诺为每位学生或者每五位学生提供一台笔记本电脑。应为提供必要的数字基础设施（包括网络连接）做好组织和规划。通常情况下，需要确定以下问题：

○ 需要提供哪些类型的信息与通信技术基础设施、设备和互联网连接？应当在何时提供？

○ 应由谁来负责提供？

○ 应当集中还是分散提供？

○ 政府、私营部门、学校、教师和家长等在此过程中发挥何种作用？

○ 资金从何而来？

○ 如何建立持续改进的循环周期？

重要的是，让教育过程中的所有参与者都可以使用计算机并非最终目的。对这些基础设施的应用应作为包括优化资源和改进教学方法在内的整体工作的一部分，最终目标为提升学习结果。

■ 做好更新和升级的迭接式周期计划

由于信息与通信技术是一个动态的领域，每年都会有新的创意和方法出现，因此合理的方式是创建包括流程、服务和商业模式创新在内的要件组合。周期性地利用信息与通信技术，可以使政策在规划阶段注重实施的质量并保持对创新想法的开放。可以根据国家（或地区/教育机构）的战略愿景，为教育的总体发展制定长期规划。应当将长期计划分解为多个中期计划，以逐步解决复杂的教学和技术问题。

发展教师的信息与通信技术能力并为其专业发展提供持续支持

■ 建立体系化的教师职前、在职培训以及持续性支持策略

总体规划中应制定面向教师信息与通信技术能力培养的职前培训、在职培训和持续专业发展的框架。

即使在同一所学校，不同教师之间的信息与通信技术能力水平也存在很大差异，这可能使得教师在教学中应用信息与通信技术时面临重重困难。在此情况下，应实施一种以能力为导向的方法，包括开设短期课程和大师班等。设计此类项目必须围绕支持教育工作者成为合格的、具备信息与通信技术能力的专业人员。由于数字化教育环境的快速变化，持续的专业发展应与教师的工作相结合，并在教师需要时提供支持。

为教师提供持续专业发展的综合方法可包括：交流最佳实践的定期会议；参观将信息与通信技术有效应用于教学的学校；工作中的同伴互助。

在为教师规划持续的支持和专业发展机会时，还应考虑学校领导的发展，为他们额外开设与学校信息与通信技术应用有关的领导力和管理课程。另外，应为从事教育工作的信息与通信技术教师和技术专家提供持续的专业支持，以便他们监测教学中出现的创新实践，并及时了解新的数字资源。

■ **建立教师信息与通信技术能力标准**

可以通过以下几种方法，为教师开发并实施以能力为导向的信息与通信技术培训：（i）将信息与通信技术融入教师教育的总体国家标准和综合职业发展路径（如澳大利亚的做法）；（ii）使教师和从业人员参与能力建模过程（如韩国的做法）；（iii）由不同的专家组评审和确定国家框架（如中国的做法）；（iv）启动由合作伙伴主导的试点项目，再将其推广为国家层面的信息与通信技术能力政策和标准（详见UNESCO，2016a）。

澳大利亚的"教师职业标准"明确提到了教师在不同职业阶段的信息与通信技术能力。韩国的"智慧教育"（SMART Education）行动计划明确了一套教师信息与通信技术能力标准。中国则制定了《中小学教师信息技术应用能力标准（试行）》（UNESCO，2016a）。政策制定者可以考虑以联合国教科文组织的《教师信息和通信技术能力框架》（UNESCO，2018c）为原型，为所有使用信息与通信技术的学校教职工制定本土化的能力标准。

专栏11：联合国教科文组织《教师信息和通信技术能力框架》（第3版）

《教师信息和通信技术能力框架》旨在帮助各国制定完整的教师信息与通信技术能力政策和标准。在其第3版中，教师应能够将信息与通信技术用于教学目的的三个不同阶段，以及用于教师专业实践的六个方面。三个阶段是指获取知识、深化知识和创造知识，六个方面是指了解信息与通信技术在教育政策、课程及评价、教学方法、应用数字技能、组织与管理，以及教师的专业发展中的作用。《教师信息和通信技术能力框架》将这六个方面与三个阶段的目标相互交叉组合，总结出一个包含18个模块的能力框架。

三个阶段是指在学习活动中为了实现预期学习结果而使用信息与通信技术的目的。第一个阶段是获取知识，意味着教师应该能够设计信息与通信技术增强的活动，以支持学生借助信息与通信技术成为有效的学习者和对社会有贡献的公民。第二个阶段是深化知识，是指鼓励教师提高将信息与通信技术融入教学活动的能力，帮助学生解决在现实世界中遇到的复杂、紧要问题。第三个阶段是创造知识，是指教师应该能够设计教学活动和课程，支持学生在校期间及之后的整个学习过程，使学生能够从创造知识、参与创新实践以及终身学习中受益。

来源：《教师信息和通信技术能力框架》（第3版），UNESCO，2018c。

■ 支持专业网络和实践共同体的建设

政府需确保教师能够获得有关信息与通信技术最佳教学实践的最新信息和资源，以促进对技术的最佳利用，提升教师在线上和（面授和远程）混合空间中教学的专业能力。基于互联网的专业共同体是支持教师专业能力持续发展的有效形式。应鼓励教师积极参与实践共同体、以传统形式组织的各类培训课程、研讨会和咨询。

■ 激励教师在教学中有效应用信息与通信技术

在考虑对教师持续性发展和专业网络建设进行投资时，重点是将信息与通信技术能力视为教师把信息与通信技术与课堂教学相结合的核心能力。因此，应该引入认证教师信息与通信技术能力的程序，并向成功掌握相关能力的教师颁发特别证书。

教师也应该有能力关注自身的培训状况，利用数字档案袋对自身的专业发展进行评估。例如，可以将教师在课堂上使用信息与通信技术教学的过程录制下来，这种简单而可靠的电子工具可以帮助教师共享并反思自己的教学工作，评估自身的信息与通信技术能力。

利用信息与通信技术提高教与学的质量

■ 从教学需求出发，构建教育信息化应用的愿景

在教育中应用信息与通信技术是一种从根本上变革教与学的机会。信息与通信技术应被视为提高教育质量的工具之一，而非目的本身。它可以帮助重新设计现有的教学实践，创造前所未有的、更有效的教学方法。其目的在于更好地实现预期的学习结果。

■ 利用信息与通信技术提高核心学科领域的学习质量

信息与通信技术可以帮助教育工作者围绕现实生活中的情景组织学习，尤其是基于项目的学习。使用各类数字学习设备和资源有助于激发学生的多种技能，促进他们

对复杂概念和内容的理解。利用数字实验室可以提高学生对科学、技术、工程和数学（STEM）教育的兴趣，并深化他们对知识的理解。应鼓励学生在线发布学习成果，从全球范围的研究人员那里获得反馈，而非撰写一份只有教师和班级内少数同学才能看到的报告。

信息与通信技术常常打破学习活动的空间限制，即从教室拓展到各种校外场景（如博物馆、夏令营和体育俱乐部），为学习者提供探索和研究的机会，帮助学生追求个人兴趣，培养他们终身学习的理念。

利用信息与通信技术设计学习体验使得学生可以从一系列学习活动中进行选择，如撰写论文、制作多媒体作品、与全球专家合作收集数据等。教师还可以利用信息与通信技术，借助公认的标准评估学生的学习结果。

■ 利用信息与通信技术促进教学过程转型并提升学习结果

教育信息化应用为学校变革创造了条件。应将信息与通信技术政策和项目视为学校实施数字化转型的先导行动。系统性的技术应用方法可以变革教学过程、学校管理和日常教育实践（例如，审核并更新学习资源、重构学校管理方式，以及改变教学方法）。必要时，转型也可能涉及学校物理空间的改变。

可通过设定明确的目标和预期结果，着手建设强健的数字化学习基础设施。此处需要关注数字生态系统的以下基本组成部分：

○ 设备获取，即获取可用作教学和学习工具的电子设备，将学习者和教师与数字资源相联结，并促进沟通和协作；

○ 教师和学生在校内外都能持续使用互联网；

○ 用于设计和提供相关学习体验的数字工具及资源。

■ 通过项目的试点阶段检验拟议的创新及机制

学校教育的数字化转型是一个相对新颖的现象。建议各国教育工作者实事求是地评估这一转型的前景和复杂程度。可从试点学校的小规模教育项目开始，然后再将信息与通信技术支持下的创新大规模推广。小规模的试点项目可以包括：搭建信息与通信技术饱和的教学环境，并使用自适应学习平台支持教学实践的转型。在项目实施过程中，学校应该：

○ 鼓励当地社区和家庭参与转型活动的开发和实施；

○ 测试创新课程和数字化学习资源；

○ 制定并实施新的日常教学活动安排；

○ 支持校外活动，并将其与课堂学习目标相联系；

○ 更新数字工具使用方式；

○ 为教师提供专业发展机会和持续支持。

应牢记的是，对信息与通信技术的部署应包含全校一致行动，包括发展数字基础设施、准备数字化学习资源，以及促进教师的专业发展等许多关键要件。制定信息与通信技术政策需采用综合的方法，首先需要明确学习目标并更新教学法和教学资源，以吸引每个学生参与其中。

5.1.7　贯穿各项工作要点的共性问题

学生在数字环境中的文化准则及恰当行为

在学校教育中应用信息与通信技术时，学生应遵守线上行为准则。如果此类行为准则尚未制定成文，或因各种原因而尚未生效，则可向学生强调线上文化规范的重要性以及不当行为所带来的影响。

具备数字能力的个体应当做到以下几点：

■ 利用技术通过互联网安全地查找和发布数字资源。

■ 批判性地评估搜索到的信息，牢记即使动机正确，人们和他们所呈现的知识也存在错误的可能性。

■ 了解并遵守互联网礼仪。

■ 在线发布信息之前，应考虑信息的妥当性、准确性及可能引发的后果。

学生和教师也必须将使用社交网络处理人际关系和开展学术工作加以区分，须了解并遵守安全使用数字技术的规范、价值观和相关准则。

在任何一项教育信息化战略、政策或方案中，均有必要防止网络霸凌。网络空间中的不当行为有时会酿成悲剧，因此，防止此类行为的发生至关重要。

如果现存的政策中尚未涉及对儿童在线隐私的保护，那么将儿童的在线隐私保护写入法律文件应成为教育信息化战略的一项任务。这将有助于让家长放心，在儿童参与网络活动时保护他们，防止他人非法获取其个人信息（详见第4.4.1节）。

性别平等

通过教育和信息与通信技术促进性别平等是联合国教科文组织的核心使命，旨在使女性和男性都有能力在快速变化的世界中应对可持续发展的挑战（UNESCO，2020a）。但现实情况是，全球有1600万女童永远无法入学，7.5亿成年文盲中有三分之二是女性（UIS，2017）。在撒哈拉以南的非洲地区，有3330万小学和初中适龄女童及5220万高中适龄女童失学（UIS，2018）。很多国家没有认识到女性的需求，也未能支持女性在可持续发展中的作用。制定在学校教育中应用信息与通信技术的政策可以促进新型教学模式和教学方法的开发及应用，从而改善信息与通信技术获取和数字能力方面的性别平等。

还可以通过各种机会提高女童对信息与通信技术职业的认识。可以将创新的校外活动作为校内正规课程的补充，例如组织科学营，为信息与通信技术设置主题日，设置公司竞赛或奖学金。教育机构可以组织"信息通信女童日"——类似于欧盟的"信息与通信技术女童"倡议；还可以开展户外活动、讲座，以及跟随男性和女性信息与通信技术工作者实习等有益活动。

教育信息化政策还可能涉及构建相关支撑体系（如辅导项目、具有性别敏感性的咨询服务、就业指导，提供具有性别敏感性的职业信息和材料），鼓励女性和女童在家庭和当地社区的支持下进入信息与通信技术行业。

5.1.8 已有实施模式

目前，学校教育信息化项目主要采用了以下两种实施路径：一种是由政府主导的自上而下的路径，另一种是由基层主导的自下而上的路径。[76]

自上而下的路径

自上而下的路径适用于解决国家/地区所有或大多数学校共同面临的问题。这类项目通常侧重于：

- 制定学校信息化政策文件，实施教育数字化转型；

- 引入教师信息与通信技术能力的统一要求（如乌兹别克斯坦的教师信息与通信技术能力标准，以及韩国的教师数字素养要求）；

- 为全国的学校提供互联网连接；

- 为学校提供一套统一的信息与通信技术服务（如俄罗斯的莫斯科电子学校，以及北爱尔兰的教育网络服务）；

- 开展面向教师的信息与通信技术素养培训。

🔍 范例

- **联合国教科文组织"韩国信托基金"（KFIT）关于利用信息与通信技术促进非洲教育转型的项目：** 该项目是为实施"2030年教育议程"所做出的全球努力的一部分（UNESCO，2017a）。该项目于2015年启动，为期三年，旨在于莫桑比克、卢旺达和津巴布韦开发和测试教育信息化应用模式。受益者包括师生、公立学校、高等教育机构、政策制定者，以及教育管理者和领导者。该项目在卢旺达关注的重点领域包括提高教师把信息与通信技术和课堂教学相结合的能力，及开展数字化学习评价的能力。卢旺达现已取得了多项成果，包括发布了《信息与通信技术教师培训方案规划报告》《教师信息与通信技术必备技能认证标准》，以及与其相关的《监测和评估框架》和《卢旺达知识社会政策手册》。卢旺达的300多名教师接受了联合国教科文组织开展的"教师信息与通信技术必备技能""开放与远程学习管理与设计"以及"服务于残疾人的开放与远程学习"培训课程。

- **联合国教科文组织的"技术增强的开放学校"项目：** 该项目目前正在埃及、埃塞俄比亚和加纳实施。[77]该项目致力于加强能力建设，主要涉及基础设施、技术和教学技能，它有助于确保当学校再次被迫关停时（正如新冠疫情期间），年轻人可以继续接受教育。

自上而下的路径没有考虑不同学校的具体特点。此外，实施自上而下取向的项目也难以评估项目对学校教育质量的影响。

自下而上的路径

在自下而上的路径中，学校可以重点关注当地所面临的具体挑战，并利用试点研究取得的经验开展自主研究。学校也可以通过利用包括教育技术创新促进学习有效性的自我反思工具（Self-reflection on Effective Learning by Fostering Innovation through Educational Technologies，SELFIE）[78]在内的工具，对自身应用信息与通信技术的方式进行反思。运用该方法获得的知识既可以是私有的，也可以在区域内外共享。

Q 范例

- **SELFIE:** 欧盟委员会的SELFIE项目，即"教育技术创新促进学习有效性的自我反思工具"，是为欧洲学校提供的一款易用型在线工具。该项目通过向学校领导、教师和学生征集意见，使得整所学校都参与到自我反思的过程中。每所学校都可以选择一组问题，甚至可以根据自身目标在工具中添加自定义问题。SELFIE会根据用户的反馈生成一张图片，即"SELFIE快照"，以分析用户在使用数字技术支持学习方面的优势和劣势。这种快照被称为"SELFIE学校报告"。报告中的图表可显示学校目前的进展情况，使学校可根据具体情况决定改进的方向并制定战略。SELFIE没有设置使用门槛，这意味着任何学校都可以使用，而非仅面向获得数字化"冠军"称号或高度创新的学校。2017年10月，来自14个国家650所学校的6.7万多名学生、教师和学校领导使用了SELFIE测试版，他们总体上对SELFIE给出了非常积极的反馈。

混合式路径

数字环境建设、教师培训以及在学校应用信息与通信技术的其他环节均应被包含在旨在提高教学质量的总体数字化转型项目中。转型项目包含七个要素：愿景、学习、文化、技术、专业发展、资金和可持续性，以及社区参与。来自模范学校的理念、案例、样板和指南可以在联合国教科文组织的"移动学习的最佳范例"[79]中找到。

政府应积极支持学校的转型过程，支持措施包括为发展数字基础设施拨付资金、提供方法上的支持，以及创建专门的服务（以SELFIE为例）。采取自上而下路径实施的其他项目也可以被学校视为支持自身数字化转型的资源。

5.2 高等教育信息化的总体规划

专栏12:《青岛宣言》

尽管我们明了与质量保证、教学效果和认证相关的各种挑战，但是我们也认识到，组织完备的在线学习课程对学习者、教育机构、教育体系和全社会都是大有益处的。在线学习，包括大规模在线开放课程（慕课）形式，有可能打开通向高等教育和终身学习的新途径。因此我们建议各国政府、机构和其他利益攸关方进一步考虑和利用在线学习创新带来的各种机会。

来源：《青岛宣言》，UNESCO，2015a，第13条。

5.2.1　简介

第三级教育（Tertiary Education）包括由大学、培训机构和学院提供的所有义务教育阶段后/中等教育阶段后的课程。高等教育（Higher Education）是第三级教育的一个子集，通常侧重于由大学提供的本科和研究生课程。高等教育通常被视为社会流动、经济增长和捍卫民主的一种手段。鉴于其重要性，政策制定者一直在寻求创新，以期提高高等教育入学率、可负担性、公平性和质量。

5.2.2　定义

近几十年来，信息与通信技术的发展对高等教育产生了巨大影响。信息与通信技术已经影响到了"从教与学、机构管理、行政、财务，到对外关系、图书馆服务、研究成果、传播，以及学生生活等多个方面"（Altbach et al., 2009）。然而，人们必须意识到信息与通信技术在带来诸多益处的同时，也存在一定隐患。近年来出现的创新技术不仅给高等教育部门带来了广泛的机遇，也带来了一些重大挑战。高等教育领域的总体规划需要利用信息与通信技术支持高校的三项关键使命，即人才培养、科学研究和社会服务。

5.2.3　愿景

将信息与通信技术应用到不同的教学场景、高校行政管理和教育课程的供给中，从而使高等教育质量更好、效率更高、入学更容易。其中，技术增强的课堂教学、分布式学习和混合式学习尤其可以帮助提高高等教育的课程质量。信息与通信技术可以通过支持管理者及时决策，提高高校行政管理的效率。同时，它还可以促进随时随地的灵活学习，为非传统学习者和受忽视人群提供更多学习机会。

5.2.4　挑战

在高等教育领域，信息与通信技术可用于应对以下挑战：

机会和公平

扩大学习机会，维持学术标准，并确保人人享有接受高等教育的机会。

- 受人口逐渐增长、中等教育更加普及、人民生活日益富裕等因素影响，许多国家对高等教育的社会需求不断增加。目前的挑战在于，如何在不降低学术标准的情况下快速扩张高等教育系统。

- 为了满足大众需求，政策制定者已寻求不同资金来源及其他资金供给模式，力求扩大高等教育机会。

- 政策制定者需要确保本国的边缘化群体和代表性不足的群体都能够获得优质高等教育。

效率和生产力

由于研究生产力的增长和压力，高等教育机构变得更加复杂，因此需要格外关注效率和生产力。

- 随着高等教育机构的发展，其复杂性不断增加，管理和经营变得越来越困难。

- 在新自由主义的影响下，教授队伍面临着问责的压力，相关部门会根据其研究成果和发表情况对其进行评估。为了在全球大学排名中获得竞争力，大学也面临着增加研究成果并使其转化为商品的压力。

质量和可迁移性

高等教育机构还必须保证教学质量，提供学术支持，并确保资历的可迁移性。

- 在高等教育快速扩张的背景下，许多国家将保障高等教育的质量作为政策议程的重中之重。

- 由于受教育机会增加，高等教育的学生群体日益多样化，这带来了提供额外的学术支持和创新的教学方法等方面的压力。

- 在全球化时代，更多的学生出国留学，更多的学者出国工作。随着学生、学术项目和劳动力的跨国流动性增加，资历认证及其可迁移性的有关问题也越来越受到重视。

5.2.5 目的和目标

在高等教育中，教育信息化政策的目的和目标应依据对信息与通信技术在加强实际供给和行政管理方面所发挥的作用，以及高校的三项传统使命——人才培养、科学研究和社会服务——进行的全面检视而确定。

供给信息化：利用信息与通信技术扩大高等教育的获取机会

- 信息与通信技术应用提供了广泛和便利地获取优质高等教育的机会，并有助于建立一个灵活、综合、高效且可负担的生态系统。

- 考虑不同学生的需求和特征存在差异，特别是对于许多正在工作或已有家庭的学生，高等教育机构应该整合社交媒体工具，为学生提供非学术性的支持服务。如使用灵活的课程及日程安排，让学生可以根据自己的进度加快或者放慢速度完成学业，并在需要时为其提供家庭支持服务。

- 支持随时随地学习的远程教育能够满足各国对高等教育的扩张需求。信息与通信技术改变了远程教育的格局，推动了供给者、课程开发者、供给模式和教学创新的数量和类型的实际增长。

教学信息化：利用信息与通信技术改进教与学

- 信息与通信技术可以提供基于网络的数字化学习，使协作学习和学习资源的获取延伸到教室之外，帮助学生跨越传统教学的时空限制，按需自主学习。

- 技术驱动的教学可以帮助教师利用收集到的学生学习数据，有针对性地提供干预和反馈，创造积极的学习环境，并以不同的方式将学生与学习资源联结起来，以低成本向所有学生提供个性化的、联通的学习体验和高质量的资源。

科研信息化：利用信息与通信技术加强合作与创新

国家和机构的信息化政策可以通过拨款来维持其对信息与通信技术基础设施的投资，从而促进其部署。可以设定多个目标，利用信息与通信技术推进高等教育机构的科研工作（Commonwealth of Learning，2009）：带宽的增加和计算能力的增强使大型数据集的复杂计算成为可能；通信基础设施可以连接分布在世界各地的研究团队；通信与数字图书馆的结合也可以简化并扩大学术资源的获取。

管理信息化：利用信息与通信技术实现高效的行政管理

- 高等教育管理的信息化可以提高学术服务（如图书馆服务）的效率，简化行政工作流程（如学生入学和注册），并减少文书工作和人工记录。

- 信息与通信技术可以促进大学间的跨境交流，使其服务范围覆盖整个国家甚至触达其他国家。

服务信息化：利用信息与通信技术促进社会参与

- 信息与通信技术可以通过解决贫困和性别不平等等社会问题，为社会中的贫困和边缘化群体赋能，使其在社会经济发展过程中发挥重要作用，从而强化高等教育机构的发展性作用（Commonwealth of Learning，2009）。

- 利用信息与通信技术来支持大学、产业和政府三方之间的合作，以大学-产业-政府合作的"三重螺旋"模型促进知识和技术的有效迁移，进而促进经济增长。应制定战略目标，动员当地的高等教育机构支持本地信息与通信技术创新。

5.2.6 工作要点

供给信息化：发展开放远程教育，扩大高等教育机会

- **加强远程学习，扩大高等教育机会**

远程教育为高等教育部门提供了充足的机会，以满足日益增长的入学需求，尤其是对于发展中国家而言。信息与通信技术提高了远程教育的潜力，使其能覆盖大量的新生群体，特别是欠缺教育服务的人群和地区。

各国政府应在远程教育中部署信息与通信技术，以提高高等教育的容纳能力和成本效益，触及那些难以获得传统的教育和培训机会的目标群体，支持和提高现有教育结构的质量和适宜性，促进终身学习方式的创新并增加学习机会。

- **利用慕课为高等教育和终身学习建立全新学习途径**

慕课对所有人群开放，它提供了一种经济（课程一般免费，但收费课程日渐增多，收费却不高）且灵活的方式，大规模地提供高质量的教育经验，帮助人们学习新技能，促进他们的职业生涯发展[80]。

政府应该激发并鼓励对新兴技术和新的学习形式的应用（Patru and Balaji，2016）。对慕课学历的承认可能是一个重要推动因素。考虑到发展中国家国内状况的差异（如有限的互联网接入率，学生对离线访问的需求，以及较低水平的指导和学生支持），需要重新规划慕课设计和供应的通用模式。有必要制定具体的部门战略，以利用慕课促进技能培养和职业发展。政府可以支持设立区域/国家中心，以资助和促进慕课及相关活动的发展。

■ 利用信息与通信技术扩大教师教育机会并提高质量

教师教育工作者肩负重任，他们要确保经过培训的教师能够具备日常实践所需的信息与通信技术能力，以使他们入职时无须再次接受培训。应根据国家信息与通信技术能力标准框架，支持开展教师培训的高等教育机构将信息与通信技术纳入职前培训课程和教师资格认证，并利用远程教育为在职教师提供在特定的科目、内容领域和教学法方面持续的专业发展机会。

教学信息化：鼓励高等教育使用混合式学习

■ 鼓励高等教育机构使用（面授和远程教学互补的）混合式学习，它是多种学习方式的结合体，包含面对面学习、自定进度的学习，以及在线和协作学习方式。

■ 支持建立多学科知识库，以应对高等教育师资短缺的问题。

■ 鼓励在教学设计者、学习设计者、研究人员、机构数据分析师、技术专家和学习者之间建立在线社群或协作网络，以共同进行教学经验的开发。

■ 通过制定法规、改革制度和实施财政激励措施，来规划和管理高等教育中数字化学习的发展。

■ 为不同专业设计和开发能力标准。信息与通信技术可作为推广各专业的学术标准的手段。了解如何使用特定的工具帮助学习者达到能力标准，如工程领域的计算机辅助设计（CAD）、医学领域的仿真教学，以及教育领域的微格教学等。

科研信息化：建立和维护研究网络

■ 利用信息与通信技术将由个人或分散的研究团队（特别是在高等教育机构中）开展的研究，转变为由世界各地的研究人员网络通过即时共享和协作而生产新知识的活动。信息与通信技术可以提供工具，从而有助于共创和共享能够对社会产生直接影响的研究。

■ 政府应该建立由教育机构、教育供应商、社会组织和技术公司组成的网络结构基础设施，以创建灵活、综合、高效且经济的高等教育生态系统。相关机构和部门的决策者应努力促进高等教育机构在所有涉及信息与通信技术的活动中通力合作。

管理信息化：提高效率

- 鼓励和支持所有高等教育机构在行政管理中部署信息技术，开发并利用涵盖学生入学及学籍管理、考试结果和成绩单、财务管理、人力资源数据库和信息管理功能在内的系统。此类系统可以协助学校管理层针对补贴领取资格、先前学历认证，甚至是毕业等方面的事务做出有效决策。

- 支持所有高等教育机构建立各类信息与通信技术系统，以加强管理人员的专业发展，并提供技术援助，使他们能够利用信息与通信技术规划和制定标准、促进转型，同时监测其履行机构核心职能的效果。

- 支持所有高等教育机构对持续收集各课程评价数据的系统进行投资，以支持课程的开发和实施。此类数据能够深入分析学生在学习中遇到的挑战，使机构能够及时为其提供帮助，以此提高学生的保留率。此外，学生和教师的信息可以为课程设计提供针对性、个性化的参考。

- 支持所有高等教育机构通过技术系统为学生提供泛在的学习经验，以满足学生生活中的各种需求，如访问在线课程和资源、建立自己的作品库、与同学和讲师协作，以及提交作业等。在对新平台和新系统进行投资时，高等教育机构必须充分考虑不同系统的互通性，以实现学生数据的安全迁移。政府机构和高等教育机构应始终确保这些数据的私密性和安全性。

服务信息化：促进信息与通信技术的应用，以支持公平和可持续发展

- 提供奖励和资助，鼓励高校通过开展信息化项目和计划谋求发展。这些举措通过提供资源或社区志愿服务，旨在弥合数字鸿沟，即缩小不同地理位置或不同社会群体中的技术"富人"和"穷人"之间的差距。

- 促进高校、产业和政府三方之间的合作，支持当地社会的经济和文化可持续发展。这种合作将有助于建立并维持以当地社区数字设备及内容的建设与升级为旨归的生态系统。为了使信息与通信技术在实现可持续发展目标4的进程中发挥持续性作用，政府和机构不应再依赖于设备引进，而应赋予社群一定的主观能动性，使他们开发满足自身需求的技术和数字内容，促进当地信息与通信技术解决方案的不断演进。

5.2.7 贯穿各项工作要点的共性问题

连通性是数字化学习的重要组成部分

信息与通信技术在高等教育中的有效应用在很大程度上取决于网络的连通和接入。高等教育机构不仅需要网络连接，而且需要机构和个人都负担得起的网络连接。随着越来越多的人使用互联网，带宽也需要相应增加。

政府应该鼓励电信服务企业相互竞争，以扩大互联网接入率，同时实施严格的监管政策，确保人人都能用得起互联网。高等教育机构内部的政策制定者需要从物质基础设施、对基础设施的人力投入、可用资金和运营成本等方面部署机构网络。

充分发挥信息与通信技术潜能的专业发展

高校面临的共同的挑战是：许多教师缺乏信息与通信技术相关的能力和技能，因而无法充分挖掘信息与通信技术在提高教学质量方面的潜力。通常情况下，信息与通信技术主要被用来复制或补充现有的教学实践，而不是变革教育过程。同样，行政管理人员也缺乏相关的能力来检索和处理信息与通信技术工具设备所提供的数据。

因此，我们建议：

- 高等教育机构为学术人员提供持续的专业发展机会，以支持他们掌握相应的信息与通信技术技能。

- 高等教育机构向教职工发布信息与通信技术最佳实践案例，并制定相关政策奖励基于技术的优秀教学成果。

- 高等教育机构聘请信息与通信技术专家，根据师生的需求协助开发、维护和支持在线学习经验。

- 高等教育机构要求所有新生获得特定的信息与通信技术证书。同样，此举也可以激励教学人员发展类似的能力。例如，法国的C2i国家认证旨在培养高等教育机构学生的信息与通信技术技能，并为其提供认证。

促成教学需求和资源可用性之间的平衡

寻求教学需求与资源可用性之间的平衡，可以为建立满足教学需求的稳健的数字系统奠定基础。需要考虑的问题包括：可用的技术基础设施、硬件获取、软件许可、网络接入和可用的应用程序类型。

- **在选择信息与通信技术时需要考虑的重要因素有：** 可靠性、学生数据的安全性、技术的易用性、有效性、成本，以及教职工的技术知识。

- 强烈建议使用开源技术和开放教育资源。同时建议采用模块化的方法实现互用性，即可以通过添加插件来增加一些功能。

- 数字图书馆和数据库可以方便学生随时随地获取大量资源。此外，它们还可以帮助节省用于购买和储存教材、期刊和参考资料的高昂成本。

质量保障和资历认证

- 就公共问责而言，许多高等教育机构需要接受内部和外部质量保障机构的监督，质量保障机构通过数字化系统对高等教育机构、课程及学生的成绩进行监测和评估。这种问责措施对于受专业机构监管的行业（如护理或法律）同样重要。门户网站应提供有关受认可的高等教育机构及通过认证的课程的准确资料。

- 多国政府都建立了国家信息中心（如亚太地区国家信息网络中心）[81]，以国家资格框架为基准，提供与国内资历具有可比性的海外资历官方资料，通过资历认证支持学生和劳动力的流动。

5.2.8　已有实施模式

连通性

要扩大互联网接入，政府有多种选择，例如：

- 从私有供应商批量购买服务；

- 建立本国的国家教育网络；

- 鼓励电信供应商之间的竞争；

- 为基础设施供应商提供税收减免政策，或降低终端用户购买计算机和互联网服务的税费。

开放远程教育

开放远程教育可以使用同步或异步的印刷媒体和电子媒体。同步课程意味着在同一时间向所有参与者提供教学内容，而异步课程则会在不同时间向各方参与者供教学内容（UNESCO，2010）。政府支持的开放大学包括印度甘地国家开放大学（IGNOU）、韩国国立大学、英国开放大学、西班牙国立远程教育大学（UNED）和土耳其阿纳多卢大学等等（Commonwealth of Learning，2005）。

提供远程教育的高等教育机构可以是单一模式院校、（远程和面对面教学）混合模式院校、联合体或非传统机构。单一模式院校只专注于提供远程教育，而混合模式院校提供远程教育及相对传统的面授课程两种选择。联合体由两个或更多机构组成，合作提供远程学习，如马来西亚的多媒体技术增强运营有限公司（见**范例**）。非传统机构包括英联邦小国虚拟大学和非洲虚拟大学，两所机构均由政府间组织支持。

🔍 范例

- **马来西亚开放大学（OUM）[82]及其创办者"多媒体技术增强运营有限公司"（Multimedia Technology Enhancement Operations Sendirian Berhad，METEOR）：** METEOR是由马来西亚11所公立大学共同创办的联合体，它成立于1998年，利用技术为所有行业提供全面和优化的解决方案，专注于学习、研究和咨询。马来西亚开放大学成立于2000年，拥有超过10万名学生，开放50多门学术课程。它遵循开放的入学政策，利用数字化学习方法和工具，并通过线下学习中心来开展面授课程。

学习管理系统（LMS）和虚拟学习环境（VLE）

学习管理系统和虚拟学习环境对于提供并管理各种学生支持服务及支持设施非常重要，如课程大纲、以数字形式录制的课堂材料、讨论小组、实验手册和实验作业、讲义、可反复观看或复习的讲座直播、特定课程的网站链接、在线辅导、补充读物、以及师生咨询的虚拟会谈时间（Commonwealth of Learning，2009）。

学习管理系统和虚拟学习环境在高等教育领域十分流行，包括Blackboard、Schoology[43]，以及开源软件Moodle[41]。学习管理系统和虚拟学习环境的优点在于它们具有互通性、易访问性、可复用性、持久性、易维护性和适应性，同时可收集用于教育管理信息系统的数据。然而，学习管理系统和虚拟学习环境也存在一些缺点，包括：

- 部署学习管理系统和虚拟学习环境需要良好的技术基础设施，而部分高校部门并不具备这一条件；

- 为了在学习管理系统和虚拟学习环境中实现教学，教师必须愿意并能够将部分面授课程调整为在线课程，而这一点往往对教师来说非常困难。

- **Moodle[41]**：Moodle是一款免费的开源学习管理系统。作为学习平台，Moodle旨在为教育工作者、行政管理人员和学习者提供稳定、安全、集成的系统，以创建个性化的学习环境。目前，Moodle已被翻译成95种语言，因此学习者能够轻松地在该网站上使用本地语言进行学习。该平台拥有大量资源和工具，其中包括一个提供技术支持的活跃社区。总体而言，Moodle提供了一套用以支持（面授和远程教学互补的）混合式学习和在线课程的灵活工具。

研究网络

关于信息与通信技术在学术研究中的应用，各国、各区域采取的措施各不相同。这主要取决于高等教育机构领导层制定的愿景和做出的承诺，以及是否有资金和人力来维持对信息与通信技术基础设施的持续投资。例如，荷兰学术组织SURF[83]和英国联合信息系统委员会（Jisc）[84]等达成的合作战略是建立促进高等教育信息与通信技术和网络服务伙伴关系的组织（Commonwealth of Learning，2009），而克罗地亚的CARNET[85]则致力于为中小学教育提供服务。

🔍 范例

- **国家研究与教育网络**（National Research and Education Network， NREN）：NREN是专门的互联网服务供应商，致力于为本国研究界和教育界的需求提供支持。目前，世界不同地区都在建立国家研究与教育网络，南非建立了南非国家研究网络（TENET/SANReN）[86]，肯尼亚建立了肯尼亚教育网络（KNET）[87]，印度建立了印度教育与研究网络（ERNET）[88]，新加坡建立了新加坡高级研究与教育网络（SingAREN）[89]。它们主要是以生产和共享知识，并促进持续的研究议程为目的的人际网络及配套的组织结构。物理远程通信网络等工具正在不断促进知识的生产、传播和管理。人际网络由物理网络的用户和受益者组成（Twinomugisha，2006）。"国家研究与教育网络案例"（Case for NRENs）[90]门户网站应区域网络的需求而建立，它提供了一个资源库，能够为国家和区域研究与教育中心提供资金、宣传和发展方面的支持。

高校的社会合作

信息与通信技术可以促进高校与行业在技术转让方面建立伙伴关系。此外，信息与通信技术还可以加强高等教育机构的发展性作用，通过为社会中的贫困和边缘化群体赋能，使他们在发展过程中发挥重要作用，从而解决诸如贫困和不平等等社会问题。此类项目的案例包括，非洲的NetTel@Africa，南美的Telecentre，孟加拉国的Telehealth，以及印度的乡村资源中心（the Village Resource Centre）（Commonwealth of Learning，2009）。NetTel@Africa可视为非洲的跨国中心，它侧重于利用信息与通信技术促进发展所需的政策和法规改革、能力培养和知识交流，尤其是在教育方面。对于高等教育来说，该项目提供了本科层次专业的数字化学习课程，这些课程采用了信息与通信技术驱动的教学方法，覆盖多个学科领域。

5.3 技术和职业教育与培训信息化的总体规划

专栏13：《青岛宣言》

我们认识到，利用信息通信技术促进学习的能力不再是一种专门技能，而是在当今社会中获得成功的基础。因此我们认为有必要将基本的信息通信技术技能和信息扫盲纳入小学和中学教育课程当中。我们支持对学习评估方法进行调整，以便反映信息通信技术的使用及其对学习和学习成果产生的影响。

我们建议无论在何时何地，无论是正规环境还是非正规环境，都应运用信息通信技术提供教育和培训，包括职业技术教育与培训……

来源：《青岛宣言》，UNESCO，2015a，第10、12条。

5.3.1 简介

与中等教育及高等教育等正规学术途径不同，技术和职业教育与培训更注重提供可直接应用于劳动力市场的知识、能力和技能。此外，无论是在人生早期阶段将其作为直接就业的通道，还是希望在结束学术生涯之后边工作边学习，所有学习者都可以在其人生的某个阶段接受技术和职业教育与培训。因此，技术和职业教育与培训是实现学习型社会的核心要素，而学习型社会是实现可持续经济、可持续生态及美好生活的基础。

与其他教育领域相比，技术和职业教育与培训与国家和全球经济的联系更为紧密。无论是总体的数字化还是具体的数字经济，经济形势一旦发生变化，技术和职业教育与培训都将会受到直接影响。

《上海共识》（UNESCO，2012，p.7）呼吁"增强职业技术教育与培训的针对性"以及"……将信息和传播技术同职业技术教育与培训结合起来，以反映出工作场所和社会的普遍转型"。

发达经济体由于最先使用高度自动化的生产流程，因此它们面对变化将首当其冲。同时，经济的变化也会对那些曾经将部分生产环节外包给发展中国家的生产链产生连锁反应。由于生产效率的提高（特别是自动化），这些环节将转移回工资水平较高的国家。在人工智能的影响下，服务行业也会出现类似的过程。这使得世界各地，特别是发展中国家的低技能工作面临风险。

然而，如果能有效利用新的发展机遇，那么数字化转型就可以在各地实现。人们需要与信息与通信技术增强的系统协作，并提供这类系统所不具备的社交、情感和创造性技能（Nedelkoska and Quintini，2018）。

技术和职业教育与培训的任务是通过以下两种方式促进并支持商业实践的创新及适应性发展：

- 赋予学习者评估和获取新知识及实践经验的技能；

- 为企业提供相应手段，帮助其为员工提供学习机会。

技术和职业教育与培训的广泛影响力促使该领域成为教育系统的关键组成部分，将为公民提供充分受益于数字化转型的必备技能（UNESCO and the Commonwealth of Learning，2017；UNESCO，2016b）。

5.3.2 定义

技术和职业教育与培训涵盖了面向工作领域的正规、非正规及非正式学习，通常发生在初中毕业后。联合国教科文组织对技术和职业教育与培训的定义如下（UNESCO，2015d，p.9）：

技术和职业教育与培训（TVET）可被理解为：与广泛的职业领域、生产、服务和生活有关的教育、培训和技能发展。作为终身学习的一部分，技术和职业教育与培训可能发生在中等、中等后和高等教育层面，并且包括可能得到学历资格的、基于工作的学习以及继续培训及职业发展。技术和职业教育与培训还包括适合国情和当地情况的各种各样的技能发展机会。学会学习、培养读写和计算技能、横向可迁移技能和公民技能是技术和职业教育与培训的组成部分。

5.3.3 愿景

技术和职业教育与培训信息化应能够基于对劳动力市场实践的关键洞察，建立一个动态的专业学习环境，并提供有关行业标准的最新信息。技术和职业教育与培训应当为全体学习者提供具有启发性的真实学习经验。

5.3.4 挑战

技术和职业教育与培训信息化政策需要克服设备与基础设施、学习资源、教师培训和学习者技能组合等方面存在的挑战：

- **基础设施**：利用信息与通信技术的优势改善学习环境，帮助学习者获取信息与通信技术相关技能，需要稳定的电力供应、最新的软硬件以及便利的网络连接。

- **学习资源**：必须为教师提供新的教学和学习资源，从而使基于信息与通信技术的新型学习机会与课程目标相匹配。这一改变要求不断对技术和职业教育与培训课程进行审查和更新。

- **教师培训**：为使教师能够充分认识到信息与通信技术学习环境的优势，需要对他们进行充分的培训，以帮助教师合理使用设备，利用新的学习资源和教学方法。教师培训还应当在教师和劳动力市场之间加强联系，以促进基于真实学习场景的教学设计。

- **学习者技能组合**：新的学习环境能够使学习者利用信息与通信技术从基于问题的学习、真实性学习和自主学习中受益。他们需要全新形式的学习支持，以确保自己充分受益于这些机会。

此外，技术和职业教育与培训应根据经济和社会环境的变化做出应对性调整。这给所有技术和职业教育与培训相关政策，尤其是信息化的相关政策带来了以下两方面的挑战：

- 政策应为教育系统注入文化活力，使各层面都能够及时应对变化，更重要的是积极主动地识别变化并采取相应行动。

- 任何政策本身都应有明确的目标，以定期对其结构、目的和影响进行评估，并在必要时做出调整。

5.3.5　目的和目标

为充分发挥信息与通信技术在技术和职业教育与培训中的潜力，可参考以下建议。

为师生提供更多以问题为导向和以学习者为中心的课程安排

信息与通信技术可以用来改善教学环境。混合式的学习安排和灵活的材料获取途径塑造了一个更加以问题为导向和以学习者为中心的教学环境。模块化的课程也可以为教师提供专业发展的机会。

创造真实学习场景，确保更好地将学习与劳动力市场需求相结合

不论是模拟行业中的真实场景（例如，在复杂的生产过程中，或使用昂贵、高风险化学品的实验），还是仅提供简易的视频会议以及与行业专家进行学习和交流的机会，都应将各类信息与通信技术结合起来，提高技术和职业教育与培训的供给。

支持信息与通信技术相关技能的获取

未来的工作需要信息与通信技术素养。对信息与通信技术能力的培养应注重其跨学科的性质，应为学习者提供获得使用软件或硬件的技能的机会，使其能够理解信息与通信技术的工作流程（"计算思维"），这也是技术和职业教育与培训课程的核心（Bocconi et al.，2016b；UNESCO，2017b）。

扩大基于信息与通信技术的教育服务获取机会

- 确保现有的基础设施能够让学习者在课程中轻松使用互联网服务（尤其是访问学习资源）。

- 确保所有学习者都可以利用互联网服务，通过视频会议、信息服务等方式进行协作和交流，以支持其彼此之间以及与行业专家之间的合作。

加强课程与劳动力市场中新兴制造业、生产、服务和数据服务业之间的关联

- 查找并填补现有课程与劳动力市场标准之间存在的技术和知识差距。

- 寻找新的学习材料以弥补差距（特别是使用可改编、可更新的开放教育资源）。

确保所有从事技术和职业教育与培训工作的教师都能够应用信息与通信技术工具改进教学方法

- 研制以信息与通信技术技能培养为重点的新课程，并将信息与通信技术相关问题纳入继续教育培训课程的所有其他相关模块。

- 使新教师和在职教师共同参与进来。

- 扩大学习者在继续教育课程中的参与度（包括提供短时课程以及认可先前的学习经历）。

5.3.6 工作要点

评估技术和职业教育与培训机构基础设施现状，并扩大信息与通信技术服务获取渠道

评估现状并讨论如何改善基础设施，如提供支持学习的设备。公共供应商及有关的私营供应商都应被考虑在内。

建议的工作要点包括：

- 评估教育机构的基础设施现状，要在短期内使所有学习者能够根据其课程计划便捷地使用互联网服务（特别是对学习资源的访问），与此同时制定中长期的大规模改进计划。

- 评估学习环境中互联网服务的获取渠道。这些服务应满足教师和学生通过视频会议、信息服务等方式进行协作和交流，还应支持学习者与行业专家之间的合作。

- 找到基础设施最薄弱的技术和职业教育与培训机构，优先对其给予资金支持。

确保技术和职业教育与培训课程能够为在工作场所中的实际应用提供足够的指导

工作场所中流程和服务的数字化，要求学生了解并应对这些新的变化。这就需要与该领域的行业企业合作开发课程。

建议的工作要点包括：

- **开发国家系统，提供工作场所的技能需求信息：** 为教育机构提供最新的职场动态资讯。进行招聘分析，包括使用大数据分析，并将这些数据提供给课程开发人员。明确现有的课程与就业市场标准之间存在的技术与知识差距。

- **合作开发课程：** 建立教育机构、雇主及其代表之间的合作关系。确保劳动力市场和技术和职业教育与培训机构的紧密合作，并通过师徒制和实习制度进一步发展合作关系。确保在征得同意后将学徒经历录入信息与通信技术系统，以供日后参考。

- **开发以能力为导向的课程：** 这为把实地研究案例纳入学习过程创造了空间，同时也可以确保技术知识（如簿记、社会福利、技术设计）能够用于解决问题和开发新策略。这些培训方法可以更真实地反映工作场景的现实需求。

- **考虑仿真技术及虚拟现实和增强现实混合技术的应用：** 评估在学习场景中应用虚拟现实和增强现实技术的条件状况，这两种技术可提高环境的真实性，使得学生在将技能应用于真实场景之前获得更多实践应用的机会（关于虚拟现实技术和增强现实技术，请参阅第2.5.1节）。

提供广泛的学习环境获取途径，以提高学习者的技能和能力

工作世界的变化提出了两条应同时满足的要求：学习者需要经常提升自身的技能和能力，这意味着必须为学习者提供即时的学习机会；同时，还需要为求职者提供技能再培训和技能提升的课程。

建议的工作要点包括：

- **建立平台以推动对非正式学习的承认：** 覆盖欧盟成员国的成人教育调查显示，约有三分之一的成年人经历过在职学习（Cedefop，2014）。要利用这种学习方式，需要先承认工作场所的学习活动，并且有策略地建立以电子徽章和微证书为标志的学习途径。可以通过技能审核、个体"挑战考试"，以及使非正规和非正式学习与国家资格认证框架相统一的方式，对信息技术学习加以认定。

- **提供模块化的技术和职业教育与培训课程：** 课程的重点应放在职场中的新任务上。如果雇主有培训需求，可以委托相关机构提供技术和职业教育与培训，并使用电子徽章和微证书来促进对培训的认证，即展示从某一模块课程成功毕业的学生所学到的内容。应在数字平台上开发这些模块课程，方便对其更新并/或转化为开放教育资源，从而依据具体使用情况有针对性地调整课程定位并重新融入情境（Ehlers et al.，2018）。

- **利用信息与通信技术发展学习社群：** 社群网络应致力于向所有利益攸关方传播在该领域习得的知识。需确保传播渠道的双向性，例如，可以向当地农民传播有关最新农业研究的信息，同时，也可以与研究者共享农民的创新实践（Deichmann et al.，2016）。

确保信息与通信技术相关技能面向所有人提供，包括已离开学校的学习者

虽然对信息与通信技术技能的培养已逐步成为学校课程的一部分，但技术和职业教育与培训需要将这类技能传授给那些因为当学徒或求职而早早离开学校，以及那些已就职但仍有技能提升需求的群体。

建议的工作要点包括：

- **评估职业培训课程，确保其包含信息与通信技术相关技能：** 此举可能涉及根据成年学习者的需求调整学校系统开发的原有学习资源。若原有学习资源是开放教育资源，那么这一调整会更加容易实现。

- **利用信息与通信技术提高培训灵活性：** 此举将允许在职人员在工作之余参与培训。这一方式也同样适用于教师培训。此类培训可能会涉及远程学习和慕课等在线课程。

- **利用信息与通信技术为学习者提供不同程度的个性化支持：** 个性化支持包括同伴互助，它适用于不同资历、年龄，以及具有不同工作、生活经历的学习者。这类支持特别适合于教育系统中通过不同途径进行学习的成人学习者。

- **考虑为学习者授予电子徽章和微证书，** 以认可他们在职业生涯，以及履行公民义务等社会生活中已完成的学习（Hofer et al.，2018）。

评估和更新技术和职业教育与培训中的教师培训

对教师的支持必须包含为其提供持续的专业发展，确保教师能够与时俱进，并对他们的日常工作有所帮助。

建议的工作要点包括：

- **经常性地评估技术和职业教育与培训中教师已达到的能力水平。** 评估他们对于信息与通信技术作为职场工具和新型教学工具的认识。根据评估结果，为其开发并实施新的专业发展课程。

- **评估技术和职业教育与培训中教师职前培训的课程水平及课程提供的学习资源。**

- **评估在继续教育机构中，技术和职业教育与培训的教师培训中所使用的学习资源。**

- **重新设计课程，尤其是继续教育课程，使其更具灵活性。** 考虑向教师颁发电子徽章和微证书，以认可他们在该领域已获得的知识和技能。

5.3.7 贯穿各项工作要点的共性问题

将信息与通信技术相关的技术和职业教育与培训战略纳入数字经济和数字社会的国家议程

许多教育系统中，技术和职业教育与培训被认为是与学术培训并列的次要选择。近年来随着数字化愈发明显地影响着劳动力市场和个人工作情况，这种观念已经过时，并且在不断改变。因为技术和职业教育与培训与其说是一个教育领域，不如说是一种以技能为中心的学习供给途径。

技术和职业教育与培训战略需要被纳入更为宏观的议程之中，如国家技能发展战略以及智慧城市构想。相关的案例存在于：孟加拉国（International Labour Organization，2016）、肯尼亚（Ministry of Information, Communications and Technology，2014）、联合国教科文组织学习型城市网络（Valdes-Cotera et al.，2015）；以及欧盟的《欧盟新技能议程》（European Commission，2016）。此外，即使在把信息与通信技术增强的技术和职业教育与培训整合进更为宏观的战略和政策之后，也需确保在政策中阐明信息与通信技术在技术和职业教育与培训以及就业市场中发挥的作用。

增加社会弱势群体的学习机会

技术和职业教育与培训是一个广泛的领域，其核心任务是减少社会弱势群体，改善人们的生活。技术和职业教育与培训战略应重视为社会弱势群体提供更多学习机会。要实现这些目标，可以通过认可先前的学习经历、颁发电子徽章和微证书，从而帮助学习者踏上新的学习途径，这些都与信息与通信技术领域有关。随着新技术的出现，在职学习变得愈发常态化。技术和职业教育与培训政策应包含弥合非正式、非正规和正规学习途径之间差异的举措。这些学习活动都是培养就业市场和更广泛经济领域所需能力及技能的重要资源。

确保为信息与通信技术增强的技术和职业教育与培训提供充足的资金

信息与通信技术增强的技术和职业教育与培训侧重于学以致用，导致其需要比学术或理论学习培训课程投入更多经费。确保为技术和职业教育与培训提供充足的资金应作为跨部门的优先事项。公共资金十分重要，但由于雇主也是明确的受益者，因此也应考虑包括公共/私营伙伴在内的其他资金来源。私营部门利益攸关方可以直接对技术和职业教育与培训进行投资，或者通过咨询活动为政策制定者提供支持。在企业内部设置实践学习期（如师徒制和实习制）可以降低对培训中心的设备需求。

5.3.8 已有实施模式

下述技术和职业教育与培训信息化实施方案主要涉及三类技能：

○ 基本能力，包括基本的读写能力、创造能力、社交与情绪技能等。此类能力还包括理解和利用数字发展带来的好处的能力（Fadel et al., 2015）。

○ 为学生提供一定的知识和能力储备的技能，可应用于他们未来的工作场景（"即事技能"），以及对该工作场景的设想和理解。

○ 工作场景必备的技能和知识，常通过在职学习获取（"即时技能"），这可能需要与上述两种技能联系起来，以确保在新场景中的迁移应用。

技术和职业教育与培训信息化政策的实施可采用两种基本途径：（i）侧重改善职前培训课程的政策；（ii）侧重成人教育课程的政策。

■ 技术和职业教育与培训的职前培训

技术和职业教育与培训的职前培训常常通过中等后学校教育和师徒制的方式提供，能够将信息与通信技术增强的学习和与信息与通信技术相关的技能直接纳入课程方案。由于此类培训的参与者通常年轻、缺乏工作经验，因而他们所学的内容主要依赖于课程和教师提供的经验。聚焦此领域的政策应着眼于实现培训机构和雇主之间的密切交流与互动，以确保学习者能够学习到与现代工作场所高度匹配的知识，并获得可适应未来工作场景的技能。

职前培训通常属于地方或国家公立教育系统的一部分，并受公共政策模式（如资金和质量保障法规、课程计划等）制约。从政策的角度来看，技术和职业教育与培训应至少包含其他公共教育领域通用的信息与通信技术基础设施。

■ 成人教育或继续教育

成人教育或继续教育可以面向在职、暂时离职（寻求技能提升）或失业人员开放。此类教育比其他教育领域覆盖群体更广，通常涉及不同年龄群体和多样化的教育及职业背景。关注此领域的政策应首先发掘受培训者在工作、社会活动和家庭中已习得的技能并加以利用。此举的目的是将受培训者已获得的技能与提升和扩展此技能的培训相关联，以满足工作场景的需求，同时发现和弥补其在某些基本技能方面的欠缺。

成人教育可能属于公共教育系统的一部分，但培训的提供者也可能来自众多私立机构和企业。相比其他领域，该领域的变革难度更大，但也可以通过专项资助计划、制定认证或监管法规来实现变革。通过制定法规，可以使成人教育质量上存在的差异更加公开透明。如新加坡的《培训与成人教育部门规划》（TAESTP）对培训提供者进行监测和评估，以增强竞争并鼓励追求卓越。[91]

- **未来技能计划[92]：** 未来技能计划是新加坡的一项全国性举措，旨在为新加坡民众提供终身学习的机会，无论他们身处何处。这一举措的核心是一套技能框架，目前尚处于制定阶段。雇主、行业协会、工会和政府正在共同努力，力图建构一套通用的技能术语。它涵盖了新加坡20多个行业的职业/工作角色、现有和新兴技能要求以及职业发展途径的关键信息。更值得注意的是，此计划为掌握和提升技能提供了内容广泛的培训课程。

若要利用技术和职业教育与培训信息化的优势，政策制定者需要审慎考虑以上两种途径，并决定技术和职业教育与培训信息化政策的侧重点。长期的政策应当对两个领域都发生作用，但是短期和中期政策可以先从一个领域入手，然后随着时间的推移再扩展到另一领域。这一过程还应对已实施的政策及其影响进行评估，以确保该政策框架跟得上社会数字化进程中的发展动态。

5.4 非正规教育信息化的总体规划

专栏14：《青岛宣言》

我们重申：终身学习是提高个人的工作和生活知识、技能和能力的指导原则。我们建议无论在何时何地，无论是正规环境还是非正规环境，都应运用信息通信技术提供教育和培训，包括职业技术教育与培训，因为信息通信技术可以使学习途径改善和多样化，提高学习质量，并且能够触及包括农村青年和成人、妇女和女童、失学青年、残疾人等在内的弱势人群和服务欠缺的人群。

来源：《青岛宣言》，UNESCO，2015a，第12条。

5.4.1 简介

要促进教育的包容与公平，政策制定者需要对两个基本问题做出回应：教育系统如何为那些因各种原因退出正规教育的儿童、青年和成人提供学习机会？如何为被排除在正规教育之外的群体提供学习和维持生计的机会？

非正规教育是人们在正规教育机构之外继续学习和终身学习的重要途径，也是重新通往正规教育的桥梁。在日常生活中使用的数字技术（设备和服务）为非正规教育的供给和认证创造了新的条件。如果学习者拥有可以适当、稳定、高质量地访问互联网的数字设备，就可以扩大所有人的学习机会范围、规模，提高学习质量和丰富性。但非正规教育能否成功实现数字化融合，取决于多种系统性因素，同时要求政策制定者做到以下几点：

- 制定并实施相应的制度政策，支持数字化驱动的非正规教育课程；

- 确立适当的组织战略和行政管理系统，为各类群体（如失学儿童和青年、难民和渴望学习创业技能的人）开发并提供非正规教育课程；

- 使接受非正规教育的学习者和教育人员能够获取数字资源和联网的数字设备；

- 为非正规教育的教育人员提供教学支持，帮助他们将数字技术融入各自课程的教学实践；

- 在学习者参加非正规教育培训课程期间，为其提供学习支持；

- 保证非正规教育课程质量不断提高；

- 确保对非正规教育课程的认证和承认。

5.4.2　定义

非正规教育是指可根据个人需求以及具体环境和背景灵活组织的结构化学习机会。它可以是一种过渡性的、灵活的学习，遵循一定的目标，并以有组织的方式发生（Pantea，2016）。此类学习活动通常是短期课程，可能提供正式认证或资格证书，也可能没有证书。非正规教育可能无法提供持续的学习途径，即使它能够在一定程度上为持续的学习开辟机会（Ngozwana，2017；UNESCO Institute of Statistics，2011）。

传统意义上，"非正规教育"泛指为失学儿童和青年开设的课程，以及围绕成人扫盲、创业、谋生和职业技能培训开设的课程。结构化学习场景的范例有：会议、研讨会、所谓的"励志庆典"、提供导师指导或教练课程的工作坊，以及第三部门和营利性培训机构开设的课程。非正规教育还可能涉及在线或离线的应用程序。

由于数字技术的快速发展，只要拥有可以适当、稳定和高质量地访问互联网的数字设备，就更有可能扩大所有人的学习机会范围、规模，提高质量和丰富性。这些学习机会包括：

- 信息与通信技术支持下提供在线课程和培训课程的远程学习中心或社区学习中心；

- 大规模在线开放课程（慕课）；

- 能够完成正规学校教育和/或义务教育后教育阶段的开放学校课程；

- 重点培养广泛技能的灵活的混合式课程，以促进持续的个体发展、专业发展和终身学习。

5.4.3　愿景

信息与通信技术驱动的非正规教育应为处于不同环境、不同教育程度的学习者提供优质的终身学习机会。信息与通信技术应改善学习途径和学习结果，并使其更加多样化；提高学习质量；覆盖弱势和欠缺服务的群体，如农村青年和成人、妇女和女童、失学青年以及残疾人。同时应当对通过非正规教育渠道获得的知识、技能和能力予以承认、认证和鉴定，但绝非强制认证。

5.4.4　挑战

非正规教育信息化政策必须克服在学习机会、质量保障标准，及对其学习结果的广泛承认方面的挑战。非正规教育可以在适当条件下解决一系列教育、社会和经济方面的问题。应保障失学青年、难民、残疾人和缺乏基本技能的群体获取学习机会。

非正规教育需要解决的挑战

- **被排斥在基本学习机会之外**

据联合国教科文组织统计研究所估测，2016年全世界共有2.63亿儿童和青年失学，其中1.3亿人处于撒哈拉以南的非洲（UIS，2018）。

世界各地的许多机构通过创造性地利用数字技术，使生活在偏远地区的失学人群获得非正规教育机会。这表明，如果非正规教育课程能够以适当的方式与数字技术融合，就有可能扩大教育机会。

- **技能和就业能力危机**

国际劳工组织在2016年估测，全球约有7100万失业青年（15—24岁），其中许多人面临长期失业的风险（International Labour Organization，2016）。与此同时，新兴国家和发展中国家有1.56亿就业青年（38%）生活在中等或极端贫困中，即每天生活费不足3.10美元，这亟须引起政策制定者的关注。务必要考虑利用数字技术，通过非正规教育课程促进对包括阅读素养和金融素养在内的就业和创业技能的培养。联合国教科文组织报告称，强大的阅读技能可以使获得一份体面工作的概率翻倍（UNESCO，2016c）。

■ 低收入国家的成人识字率低

联合国教科文组织（UNESCO，2016c）报告称，在许多国家，仅有6%的成年人参加了扫盲计划。然而，也有正面的案例表明，移动通信技术能够支持成年人通过非正规教育课程发展基本识字能力（UNESCO，2015e）。

■ 难民群体缺乏受教育机会

联合国难民署（UNHCR，2016）报告称，全球约有1610万难民，其中儿童占一半以上，中小学适龄儿童达600万之多。非正规教育和数字技术能够帮助难民群体接受教育和实现终身学习（UNESCO，2018b）。

■ 残障人士缺乏受教育机会

如第2.1.4节所述，全球人口中约有15%，即约10亿人是残障人士。残障群体在很多方面都面临比正常人更糟的情况，包括生活质量较低，赚钱和受教育机会较少，因此，残障人士也愈发处于社会边缘，更易遭受排斥。虽然各国教育战略均旨在将残障人士纳入正规教育系统之中，但非正规教育也可以在这一过程中起到补充和支持的作用（Global Partnership for Education，2018）。应优先高度重视发挥信息与通信技术的作用，让残障人士有机会充分参与及融入社会。

在提供非正规教育方面面临的具体挑战

信息与通信技术支持的非正规教育有改善教育范围、规模、质量、包容性和公平性的潜力，但在世界范围内设计和实施此类课程面临众多挑战。

■ 缺少参与非正规教育课程的途径：众多非正规教育课程无法触达目标受众，因为人们普遍认为学习应该在正规场所中进行，而后备性的学习平台可能意味着质量上打折扣。此外，学习者常常因正规教育的失败而感到蒙羞，因此可能不愿再接受非正规教育的机会（Dunne et al.，2014）。鉴于教育工作者优先考虑满足目标人群的需求，将通过数字方式访问的非正规教育课程与真人导学计划结合起来，或许能够帮助教育工作者克服上述困难。

- **缺乏质量保障标准：** 非正规教育课程往往由缺乏质量保障的小规模、短期和一次性的培训课程组成。此外，非正规教育课程预期的学习结果与劳动力市场对特定技能和能力的需求并非完全一致。非正规教育课程的教育工作者可能不愿改变自身的教学实践来接受融合了数字化形式的不同教学方法。

- **学习结果的认可度低：** 许多非正规教育课程未获鉴定或认证，也没有被纳入国家资格认证体系。这些课程并非总是遵循明确的认可或认证标准。

- **能力不足且专业发展受限：** 对于非正规教育工作者来说，他们缺乏一套有关技能要求、通用职称或明确发展机会的框架。例如，非正规教育工作者可能是社会教育工作者、青年工人、导师或工作主管。非正规教育工作者需要与年轻人及雇主合作，以确保自身开展与工作场景相匹配的教育实践，指导年轻人更好地应对工作世界的变化，激励他们保持动力并步入职业生涯。

- **缺乏可持续性：** 许多非正规教育课程面向的群体通常付不起学费。这为其可持续性提出了挑战。通常来说，这些非正规教育课程可用于自身发展、课程供给和评价的资金有限；部分课程虽然获得了发展资金，却难以维持长期的可持续性。所有这些因素都会影响非正规教育课程的效果。

5.4.5 目的和目标

为充分发挥非正规教育信息化的潜能，应考虑以下目的：

- 通过整合信息与通信技术，促使所有人普遍获得高质量的终身学习和技能发展机会、课程及成果，帮助人们获得可持续的谋生技能；

- 将非正规教育视为终身学习中不可或缺的一部分，它可以发展人的能力，提高社会凝聚力，并培养负责任的未来公民；

- 认识到非正规教育也可以对公民身份认同、社会价值基础、经济和社会发展生产力以及经济增长做出积极贡献。

具体的政策目标可涵盖以下内容：

受教育机会

- 通过探索低成本、可负担的替代方案，促进互联网的普及和高质量接入；

- 审查非正规教育课程现状并探索数字化整合方式；

■ 开发数字化驱动的非正规教育课程，尤其面向残障人士扩大识字和就业技能的学习机会。

质量

■ 支持高等教育机构、社区大学、非政府组织和社区组织为非正规教育工作者和培训人员开发课程，从而促进数字化驱动的非正规教育课程的大规模供给；

■ 帮助机构开发可以支持特定非正规教育课程的开放教育资源，同时推广并鼓励使用这些资源。

可持续性

■ 开发或优化一种可以为各种非正规教育课程提供认定和认可的系统，以适应文化和语言少数群体及个人的特定数字化学习需求；

■ 发展多利益攸关方伙伴关系，以在国家和机构层面开展可持续的、数字化驱动的非正规教育课程；

■ 把非正规教育课程作为国家教育系统数字化的组成部分，优先为该领域分配预算。

5.4.6 工作要点

制定非正规教育信息化政策应遵循以下原则。

■ 所有人都有权按照自身需求进行任何形式的学习。

■ 所有人都有权查看自身在非正规教育课程中取得的学习结果。

■ 非正规教育政策需要考虑对学习结果的承认、认证和鉴定过程。非正规教育课程应促进在正规教育、非正规教育和非正式教育中获得的学习结果价值等同。对于通过非正规和非正式学习途径积累的能力，应与通过正式学习渠道获得的能力一视同仁。

■ 教育和培训系统应考虑在不同环境下采用不同的学习形式，并照顾到学习者的背景、需求和学习经历。

■ 在非正规教育课程的设计、实施和评价，以及相关的认可、认证和评估体系中，应在合作伙伴和利益攸关方之间建立起共同的责任和问责制（Rogers，

2016; UIL, 2012)。

根据这些指导原则，本节从三个维度出发概述在非正规教育课程中整合信息与通信技术的关键政策因素，即受教育机会、质量和可持续性。

受教育机会：利用可负担的信息与通信技术扩大非正规教育的获取机会

- 制定国家框架，以支持机构和组织制定促进信息与通信技术驱动的非正规教育课程发展的政策及战略。

- 加强相关机构和组织提供信息与通信技术驱动的非正规教育课程的能力。

- 引入政策、监管和法律机制，促使所有非正规教育的学习者和教师始终能够获取负担得起的联网数字设备及高质量的互联网连接。

- 确保可以在特定的非正规教育课程中免费下载已经通过审核的开放教育资源。

质量：利用信息与通信技术提高非正规教育的质量

- 投入资金以促进非正规教育培训人员和教师的持续专业发展，并促进以符合国家教师培训体系的方式把信息与通信技术融入非正规教育。

- 为非正规教育工作者引入激励机制、专门的培训和职业发展课程，以促使他们将数字资源融入教学实践。

- 完善机构对非正规教育工作者的支持机制，如教练制度和导师制度，以帮助他们将数字资源融入教学实践。

- 促进和支持对开放教育资源的开发、使用和再利用，以及该类资源面向非正规教育的开放获取。

- 支持全球在线课程和项目，并优先在多个平台上通过多访问渠道推广本地开发的相关课件。

- 鼓励采用和建立面向非正规教育学习者和教师的个性化电子档案，其中收录得到非正规教育组织和机构支持的有计划的学习途径和学习目标。

- 推动和支持建立创客空间（第5.4.8节），作为高等教育机构、非政府组织和社区组织的非正规学习环境。

> **🔍 范例**

- **创客空间：**创客空间通常是社区运营的协作空间，它为有共同兴趣的社区成员提供服务。儿童、青年和成年人可以聚在一起探索想法、制作物品，以及创造性地工作。过去几年里，创客空间在世界各地涌现，为计算机程序员、正义黑客和应用程序开发者提供了见面交流与创意设计的场所。在非正规教育信息化政策中，应鼓励高等教育机构、社区组织和非政府组织将创客空间作为非正规学习环境加以推广。

可持续性：确保数字化驱动的非正规教育课程的可持续性

- 建立数字化驱动的非正规教育课程的承认、认证和评估机制，包括通过鉴定/徽章系统以及纳入国家资格认证体系的方式承认先前学习经历和终身学习。如此一来，提供此类课程的机构和组织就可以确保学习者以往获得的经验和成果得到适当认可。正如联合国教科文组织及其合作伙伴所述，关于如何将认可正规化，存在不同的观点（Singh，2015）。其中一个例子是联合国教科文组织的《非正规和非正式学习结果的承认、认证和鉴定》（UIL，2012）。

- 建立不同层次的伙伴关系，以支持非正规教育课程持续性发展。与年轻人、信息与通信技术公司、商会、非政府组织和社区组织、捐助方、国家政府、公立和私营培训提供者、雇员、慈善组织和发展援助机构建立伙伴关系，可以促进所有人通过非正规教育获得数字化学习机会，也有助于课程的持续发展。

5.4.7 贯穿各项工作要点的共性问题

以下共性问题贯穿与受教育机会、质量、认证和可持续性有关的每一项政策目标，因此需要特别注意。

包容和平等的参与

要解决非正规教育学习者在参与方面面临的挑战，意味着要将来自弱势背景的成人以及因工作变化或失业而期望得到技能再培训的群体一并考虑在内。同时也应当解决在获取数字技术和国家非正规教育课程方面的性别失衡问题，确保妇女和女童不被边缘化。一种方法是确保鼓励并支持妇女和女童参加传统意义上由男性主导领域（如工程、管理、领导和软件编程）的非正规教育课程（另见第2.1.3节）。

同样，促进所有非正规教育课程的包容性也至关重要。例如，通过创造性地使用语言类移动应用程序，为残障人士提供非正规教育课程，并促进难民和移民群体的跨文化融合。欧盟为残疾青年专门开设了媒体素养技能学习课程，如2018年1月至2020年6月期间实施的"青年残障人士的数字与媒体素养"[93]。

伙伴关系

建立可行的合作伙伴关系模式。政府可以带头与网络服务提供商、信息与通信技术公司、银行、发展和捐助机构建立伙伴关系，支持创建面向各个群体的信息与通信技术驱动的新型社区学习中心或远程学习中心。可以将年轻人、公立和私立培训提供者以及求职者纳入伙伴关系，以确保课程能够与受教育者和市场需求相匹配。

🔍 范例

- **数字卡车（DigiTrucks）：** 华为一直与沃达丰等国际合作伙伴以及当地社区合作，携手创建便携式数字卡车[94]，为辍学人员提供网络连接和非正规的数字技能培训。项目启动以来，数字卡车已部署在肯尼亚、刚果民主共和国、南非和坦桑尼亚联合共和国。截至2020年底，仅肯尼亚一国的数字卡车项目就为13个县的1300多名农村青年和创业者提供了累计超过22000小时的数字技能培训。

资源调配

非正规教育为提升劳动人口的技能创造了条件，可以帮助他们获取快速变化的世界所需的可迁移技能。私营部门利益攸关方的参与有助于提供充足的、更注重雇员需求的学习机会。除了国家直接资助外，与雇主之间的合作伙伴关系也可以为非正规教育项目吸引投资。

5.4.8 已有实施模式

以下是为推动数字技术的普及可采用的模式示例，供各机构和组织参考，以便提供信息与通信技术驱动的非正规教育课程。

社区远程学习中心或资源中心

远程学习中心是人们访问计算机、互联网和其他数字技术的公共场所，人们可以在此发展基本数字技能，同时收集信息、创作、学习以及与他人交流。几乎每个国家都有远程学习中心。虽然这些中心各不相同，但它们的共同关注在于利用数字技术支持社区建设以及教育、经济和社会发展，减少孤立，弥合数字鸿沟，增进对健康问题的认识，以及创造经济发展机会。

设立远程学习中心，包括建立专门的空间以便个人和社群成员访问数字资源，参与非正规教育课程。教育部及信息与通信技术部门可以与私营部门、捐助机构和非政府组织合作，为社区中心配备一系列数字化学习资源，以支持其提供在线课程和非正规教育课程。提供非正规教育课程的社区中心包括"开放办学–马拉维远程大学"[95]和肯尼亚的"达达布难民中心"，这些国家和地区都设立了一个信息与通信技术中心来组织开展一系列非正规教育课程。例如，2017年达达布难民中心举办了"女童信息与通信技术训练营"[96]。

🔍 **范例**

- **齐莫洛贡数字区**[97]：齐莫洛贡数字区是隶属于金山大学（Wits University）的数字中心，位于南非布拉姆弗泰恩市城区，它旨在促进初创企业的孵化和研究成果的商业化，并帮助学生、在职人员和失业青年发展高水平的数字技能。该数字区从最初的概念逐渐发展为一个获得了学术机构、政府和私营部门组织支持的园区。其中的创客空间，也被称为"数字创新区"，致力于通过协同创造、培训、技能提升和实验或有目的的游戏来促进创新。在该园区里，人们可以接触3D打印、物联网、机器人、增强现实、虚拟现实和数字化仿真设计等新兴技术。

支持人人享有数字资源

越来越多来自贫困社区的人们开始接触到联网数字设备，尤其是智能手机。2019年，全球49%的人口可以使用移动互联网，移动网络覆盖了70多亿人的生活所在区域（GSMA，2020）。为了鼓励人们广泛拥有联网数字设备，各国政府还可以与银行和网络服务供应商合作，通过平价购买计划促进人们消费。这方面的例子有Mobisol公司在卢旺达推出的平价智能手机贷款计划[98]，它基于一种信用评估模型向客户提供贷款；谷歌安卓和法国橘子电信[99]合作的帕莫加（Pamoja）项目在中东和非洲的部分国家推出了一种数字电信包，以低价（约40美元）销售高质量智能手机，同时为手机绑定一定流量数据并预装主流的学习应用程序。为了推广非正规教育，程序中可以预加载支持终身学习的开放教育资源。

正如第2.1.2节所述，应动员跨部门合作，以便政府能够与网络服务供应商携手提供零费率的数字化教育数据流量。零费率政策应优先考虑非正规教育的目标学习者。

国家研究与教育网络（NREN）的扩展服务

各国政府可以扩大已经建立的国家研究与教育网络，向高等教育机构提供宽带接入，以支持其开展非正规教育课程。国家研究与教育网络作为专门的互联网服务供应方，致力于满足国家教育部门的研究和学习需求。国家研究与教育网络通常提供高速骨干网，可以为个人研究项目提供专用通道。

这种网络服务还可以扩展到社区中心和非正规教育机构、学校和高校。例如马来西亚研究和教育网络[100]、苏丹研究和教育网络[101]以及欧洲的研究和教育网络（GÉANT）[102]。

利用信息与通信技术扩大成人扫盲课程的获取途径并改善其学习结果

政府机构及其合作伙伴应利用数字技术支持的开放型远程灵活学习模式，扩大青年和成人扫盲课程的获取途径并改善其学习结果。应支持正规教育机构、非政府组织和社区组织为青年和成人提供非正规扫盲课程和短期补课。慕课是开放型远程灵活学习模式的一种，可以用于提供扫盲课程。

 范例

- **联合国教科文组织青年和成人扫盲战略：** 2019年，《联合国教科文组织青年和成人扫盲战略（2020—2025）》（UNESCO，2019f）在巴黎举行的联合国教科文组织第40届大会上获得通过。该战略有四个优先领域，其中第三个领域是利用数字技术扩大扫盲课程的获取途径并改善其学习结果。根据这一优先领域，联合国教科文组织将支持会员国利用数字技术、人工智能和开放教育资源，扩大扫盲学习机会的获取途径，提高学习质量，并建立有助于维持和发展通过扫盲所获技能的数字环境。信息与通信技术将用于培训扫盲教育工作者，并为其提供在职支持。

5.5　课程与评价的总体规划

专栏15：《青岛宣言》

我们认识到，如果我们要让教育系统适合终身学习者——无论是儿童还是成人，使他们在网络化的知识社会中成长、在日益依赖技术的经济体制中获得成功，便需要重新界定学习成果以及组织、评估学习的方式。

　　我们认识到，利用信息通信技术促进学习的能力不再是一种专门技能，而是在当今社会中获得成功的基础。因此我们认为有必要将基本的信息通信技术技能和信息扫盲纳入小学和中学教育课程当中。我们支持对学习评估方法进行调整，以便反映信息通信技术的使用及其对学习和学习成果产生的影响。

　　来源：《青岛宣言》，UNESCO，2015a，第9、10条。

5.5.1　简介

　　当今世界，信息与通信技术日益普及并得到广泛应用，这改变了我们的生活、学习、工作和参与社会活动的方式。在数字社会中，教育信息化不应被视为一种"特殊"或"额外"的活动，而应被视为教师和学生在校内外开展活动的基本要素。因此，应以致力于实现明确学习目标的良好教学实践为指导，在教学活动中有目的地整合信息与通信技术。要用清晰的指导纲要来鼓励并支持这些做法与目标，以确保它们与国家课程体系相一致。任何教育信息化政策的制定，都是一次重新思考课程和教学的机会，也是为扩大信息与通信技术的影响而制定战略的机会。

5.5.2　定义

　　课程规定了学生在正规教育中应该学什么、何时学以及如何学的问题。然而，由于越来越多的学生和教师能够获取并使用信息与通信技术，传统的课程定义受到了挑战。当新的工具被引入课程时，需要重新审视和调整应该学什么（课程内容）以及如何学（教学法）。人们意识到有必要将基本的信息与通信技术技能纳入学校教育体系，并改革学习评价，以反映信息与通信技术的使用情况及其对学习和学习结果的影响（UNESCO，2015a）。对数字设备和资源的配备及其应用带来了新的机遇，课程实施要善加利用。

5.5.3　愿景

　　充分反映信息与通信技术应用效果的课程应确保年轻人具备必要的数字能力（知识、技能和价值观），以满足社会信息化的需求，并帮助学习者把握由此带来的机遇。此类课程体系应包含标准化指导纲要和融合了信息与通信技术的教学法，并按规定相应地开展评价，从而实现整个课程体系的学习目标。此类课程体系能够为新教师提供专业发展的机会，使他们能够将信息与通信技术融入自己的专业实践。

5.5.4 挑战

信息与通信技术与课程整合需要解决学生学什么、何时学以及如何学的问题：

- **学什么**：利用信息与通信技术进行学习需要新的能力。政策制定者和课程开发人员应了解在特定的学科领域需要培养哪些数字能力，以及采用何种方式进行培养。他们还应考虑利用信息与通信技术开展跨学科活动。另一个尚待解决的挑战是如何使信息与通信技术能力的全球框架转化为本土框架，以应对当地的数字化准备状况和需求。

- **何时学**：如果课程以一种僵化的形式规划教学大纲和教学计划，并严格规定应该教什么、何时教，那么将很难采用新的教学法以释放信息与通信技术的潜能，促进学生学习。需要调整课程和评价的定义及管理方式，让教师和学生可以灵活地调整教学时长和教学顺序，利用更适当的教学法实现课程目标。课程和评价也应允许学生在传统课堂或上学时间之外开展有意义的学习活动。

- **如何学**：数字工具和资源种类丰富，为实施以学生为中心的教学创造了充分的条件，同时也有助于开展探究式学习、基于项目的学习，以及协作学习；有助于改进评价方式，包括提升形成性评价的效率和有效性；有助于帮学生克服认知挑战和学习困难。既要关注教师的信息与通信技术基本能力，也要注重在课堂内外使用信息与通信技术的前瞻性目标，在二者之间保持平衡，这是所有政策都需要随时应变的永恒挑战。

在明确学生应该学什么、何时学以及如何使用信息与通信技术支持学习时，重要的是确保：

- 课程的连贯性以及国家和学校、教育机构信息化政策的一致性；

- 将信息与通信技术能力整合到对学生学习结果的评价中，包括评价环境和评价工具；

- 将信息与通信技术的教学应用纳入教师的能力考核框架。

5.5.5 目的和目标

将信息与通信技术整合进课程体系的政策应考虑以下目标：

培养所有学生的数字能力

- 应明确定义学生的数字能力标准。

- 应为不同层次的课程定义相应的数字能力标准。

- 数字能力应该被整合到整个课程体系中。

在所有学科领域的教与学中有目的地使用信息与通信技术

- 应将利用信息与通信技术支持教与学纳入不同学科领域和不同层次的课程中。

- 应将关于如何利用信息与通信技术传授课程和实现预期学习结果的指导纲要写到课程标准和教师手册中。

- 教师应获得持续的专业发展机会，将信息与通信技术融入他们的教学实践。

利用信息与通信技术评价学生在各个学科领域的学习

- 利用信息与通信技术评价学生的学习应融入课程的各个学科领域。评价可以用来衡量学生是否达到特定的能力标准（对学习的评价），或判断学生对一组课程单元的理解程度，并针对教学方法提出建议（为了学习的评价）。

- 应将如何利用信息与通信技术评价学生学习的指导纲要写到课程标准和教师手册中。

- 应向教师提供有关如何利用信息与通信技术评价学生学习的专业发展机会。

5.5.6 工作要点

将数字能力纳入课程体系

- **为学生定义数字能力框架：** 在某些情况下，该框架可以是一套严格定义学生信息与通信技术能力的标准。可以把一些有关学生数字能力的实例作为蓝本，包括国际计算机与信息素养研究（ICILS）框架（Fraillon et al.，2013），以及欧盟委员会联合研究中心颁布的欧洲数字能力框架（DigComp）（Vuorikari et al.，2016）。当前还存在关于学生能力的广义概念，如"21世纪技能"，以及针对特定技能的定义，如"计算思维"。

- **界定不同年级须达到的数字能力水平**。数字能力标准应根据课程中每个年级的预期学习结果进行相应调整。

- **将数字能力整合到不同水平（年级）的课程中，**既可以作为一门独立学科，也可以作为跨学科课程（横向）目标以及其他学科目标的一部分。

- **提供发展不同数字能力的指南和示例，**并具体阐明可以帮助发展这些能力的适宜教学方法。

引导有目的地使用信息与通信技术以实现课程目标

- **抓住机会利用信息与通信技术帮助学生克服共性困难，并实现最低标准的学习结果。**找出对教师和学生具有挑战性，而信息与通信技术可以在其中对教与学做出重大贡献的具体领域。

- **利用创新的教学法丰富课程，并为教师推荐教学工具和教学资源。**考虑到不同教师的教学需求和教学经验不同，可向他们推荐有助于实施创新教学法的工具和资源，以及足以支撑基本教学活动的低带宽、低成本工具和开放教育资源。

- **在课程标准和教师手册中设计和制定关于如何应用信息与通信技术工具及资源的指导纲要。**许多教师认识到加强或创新性地应用信息与通信技术在促进教与学方面的潜力，但只有少数教师具备将这种潜力转化为日常教学实践的能力。指导纲要应考虑教师目前的信息与通信技术和教学水平，同时鼓励教师开展以学生为中心的学习活动和创新实践，并为他们提供具体的案例，以向教师展示期望其开展的教学活动类型。

引导使用信息与通信技术加强对学生学习的评价

- **评估现有的评价机制和规则。**与负责学生学习结果评价的机构合作，研究调整或改革评价机制、规则的可行性。

- **研判利用信息与通信技术支持学习过程和学习结果评价的适宜性。**基于可行性研究，确定使用信息与通信技术评价学生学习的方式，包括形成性评价和总结性评价，并提出建议。

- **实施基于计算机的学习结果评价。**应将选定的资源整合到具体的课堂实践中，确保学习结果评价与教学过程在方法上的一致性。

- **在课程标准和教师手册中，设计和制定有关如何利用信息与通信技术工具及资源评价学生学习的指导纲要。**提供具体案例来说明教师应该实施的评价类型。

- **为支持教师落实指南制定策略。**包括促使教师熟悉如何与全球教学共同体建立联系的策略。

5.5.7 贯穿各项工作要点的共性问题

数字能力

欧盟委员会联合研究中心将数字能力定义为使用信息与通信技术和数字媒体时所需的一套知识、技能和态度，用于执行任务、解决问题、沟通交流、管理信息、协作、创建和共享学习资源，以及有效和高效地获取知识。这些信息与通信技术能力与数字公民素养息息相关，包含数据素养、沟通与协作、数字内容创作、安全以及问题解决等领域（**表7**）。

表7 欧洲数字能力框架（DigComp）项目定义的数字能力领域

能力领域维度1	能力维度2
1. 信息和数据素养	1.1 浏览、搜索和筛选数据、信息、数字内容 能够阐明信息需求，在数字环境中搜索数据、信息和内容，访问它们并在它们之间切换；能够创建和更新个人搜索策略。 1.2 评估数据、信息和数字内容 能够分析、比较和批判性地评估数据、信息和数字内容来源的可信度和可靠性；能够对数据、信息和数字内容进行分析、解释和批判性评估。 1.3 管理数据、信息和数字内容 能够在数字环境中组织、存储和检索数据、信息和内容；能够在结构化的环境中组织和处理它们。
2. 沟通与协作	2.1 通过数字技术进行互动 能够通过各种数字技术进行互动，并了解特定环境下的适当数字通信手段。 2.2 通过数字技术共享 能够通过适当的数字技术与他人共享数据、信息和数字内容；能够充当中间人；了解引用和追溯的方法。 2.3 通过数字技术参与公民生活 能够通过使用公共和私人数字服务参与社会活动；通过适当的数字技术寻求自我赋权和参与公民生活的机会。 2.4 通过数字技术进行协作 能够利用数字工具和数字技术进行协作，共建、共创资源和知识。 2.5 网络礼仪 能够在使用数字技术和在数字环境中进行互动时，知道网络行为的规范及其原理；能够根据具体受众调整沟通策略，并注意数字环境中的文化和世代多样性。 2.6 管理数字身份 能够创建和管理一个或多个数字身份；能够保护自己的名誉；能够处理通过多种数字工具、环境和服务产生的数据。

能力领域维度1	能力维度2
3. 数字内容创作	3.1 开发数字内容 能够创建和编辑不同格式的数字内容；通过数字手段表达自己。 3.2 数字内容的整合与重新编排 能够对信息和内容进行修改、提炼和改进，并将其整合到现有的知识体系中，以创造新的、原创的和适宜的内容和知识。 3.3 版权与许可 了解版权和许可如何应用于数据、信息和数字内容。 3.4 编程 能够为计算机系统设计和开发一系列可理解的指令，以解决给定的问题或执行特定的任务。
4. 安全	4.1 保护设备 能够保护设备和数字内容；了解数字环境中的风险和威胁；了解安全保障措施，并充分考虑环境的可靠性和私密性。 4.2 保护个人数据和隐私 能够在数字环境中保护个人数据及隐私；了解如何使用和共享个人身份信息，同时能够保护自己和他人免受伤害；了解数字服务会通过隐私政策来告知用户个人数据的使用方式。 4.3 保护个人健康和福祉 在使用数字技术时，能够避免影响身心健康的风险和威胁；能够保护自己和他人在数字环境中免受潜在的危害（如网络霸凌）；意识到数字技术可以增进社会福祉和促进社会包容。 4.4 保护环境 了解数字技术及其使用对环境造成的影响。
5. 问题解决	5.1 解决技术问题 能够在操作设备和使用数字环境过程中识别并解决技术问题（从排除故障到解决更复杂的问题）。 5.2 识别需求并做出技术反应 能够评估需求，识别、选择、使用数字工具和可能的技术应对措施来解决问题；根据个人需求（如访问权限）调整和定制数字环境。 5.3 创造性地使用数字技术 能够使用数字工具和技术创造知识，创新流程和制造产品；个人和集体参与认知加工，以理解和解决数字环境中的观念问题和具有挑战性的情况。 5.4 找到数字能力差距 了解自己的数字能力需要改进或更新的方面；能够支持他人的数字能力发展；寻求自我发展的机会，并跟上数字时代的发展。

来源：Vuorikari et al.，2016，pp. 8-9。

与此同时，一些国家已经制定了其本国的框架，以强调发展这些技能的必要性。例如，智利教育部将数字技能定义为："在数字环境中解决信息、沟通、知识有关的问题以及法律、社会、伦理困境的能力。"（Ministry of Education，Chile，2013，p. 17）

另外一类技能，即众所周知的"21世纪技能"，包括诸如批判性思维和创造力等其他能力（示例见"21世纪学习伙伴关系"）[103]。

一些国家还将计算思维作为学生需要学习的核心技能之一。尽管其定义仍有待讨论，但目前似乎普遍认为该技能应当包含一系列观念与能力，例如抽象、算法思维、自动化、分解、调试、编码、编程和泛化（Bocconi et al.，2016a）。

在不同的学科领域中，信息与通信技术也在不断改变数学、科学、语言、历史等传统学科的学习目标。因此，学科专家参与政策的设计过程尤为重要。

数字能力培养的课程设计模式

可通过不同的课程设计模式将数字能力整合进课程体系，具体包括：

- **将信息与通信技术定义为一个学科领域，使信息与通信技术或数字能力培养成为主流**：该模式旨在使信息与通信技术能力培养成为主流，包含适应各年龄段的，从基础到高级的信息与通信技术知识、技能和价值观。例如，《普通高中信息技术课程标准》（Ministry of Education，China，2020）包含两个面向所有学生的必修模块："数据与计算"和"信息系统与社会"。此外，所有学生都需要在以下六大选修模块中选择一项进行学习："数据与数据结构""网络基础""数据管理与分析""人工智能初步""三维设计与创意""开源硬件项目设计"。同时，中国的所有学生从3年级开始就将信息与通信技术技能作为一门学科学习，并与9—12年级的课程相衔接。

- **将数字能力定义为跨学科课程目标，推动利用信息与通信技术解决问题**：所有学科领域都纳入对数字能力的培养。例如，可以把"识别、定位、检索、储存、组织和分析数字信息"设置为历史课或地理课中项目式学习活动的共同目标。

- **信息与通信技术与其他学科领域的学习整合**：学生可以在学习其他学科的同时学习如何使用信息与通信技术，比如在语言课上学习如何使用文字处理器，在数学课上学习使用电子表格，在科学课上学习仿真。一些国家已经将编程融入不同学科领域的项目式学习活动中。这些活动能够将信息与通信技术的应用与21世纪技能相融合，帮助学生发展解决问题、协作和批判性思维等能力。

利用信息与通信技术实现当前课程目标和泛在学习

过去几十年间，使用信息与通信技术提升学生学习结果的实践产生了矛盾的结果。长久以来，人们将信息与通信技术视作一种催化剂（Musheer，2018）或杠杆，认为其能给教学带来变化和创新，从而改善学习结果。然而，国际上有研究表明，在课堂教学中使用信息与通信技术的频率和类型仍然有限（Fraillon et al.，2014；Law et al.，2008）。研究还表明，无论是学生还是老师，比起在学校内，他们会在校外更频繁、更有创意地使用信息与通信技术（Hinostroza et al.，2016；Meneses et al.，2012；OECD，2015；Wang et al.，2014）。

在此情况下，正如第2.4节关于办学模式和第5.2节关于高等教育的介绍，政策制定者在将信息与通信技术整合进课程体系时，需要规划两个方面的目标：一方面，鼓励将利用信息与通信技术作为课堂变革的催化剂，推动有效而新颖的教学法的出现，从而优化学习过程和学习结果；另一方面，利用信息与通信技术推动建立开放学习系统，支持校园外的泛在学习、终身学习和全方位学习。为实现这一目标，政策制定者应对师生在校园之外越来越频繁地使用信息与通信技术这一现象进行审视，并就如何保证学生的主观能动性，如何将非正式、非正规地使用信息与通信技术的行为与更正规的教学活动结合起来提供指导（Hinostroza，2017）。

学习评价的信息化

信息与通信技术支持的学习评价方法发展迅捷，有许多方法旨在向学生提供及时、恰当的反馈，其中也包括信息与通信技术辅助的形成性评价。中小学教育中对电子学档的应用（Beckers et al.，2016），已经扩展到涵盖复杂问题解决技能（Shute and Rahimi，2017）。但为了能够让学习评价有效进入课堂，还需要培养教师和学校管理人员使用和解读评价结果的能力。

一种新近兴起的做法是根据每个学生过去的学习表现，使用人工智能来针对性地支持对学生学习的自适应测评。自适应测评基于项目反应理论，是通过人工智能学习管理系统和大数据分析工具的最新发展而实现的。这种测评结合更复杂的心理测量理论和算法，借助人工智能的测评工具（例如Kidadaptiv）[104]，能够整合学生数据，为每个人创建涵盖互动情况、偏好和成绩的心理测量档案。例如，ViLLE[105]是一个由芬兰图尔库大学开发的自适应数字学习平台，获得了联合国教科文组织哈马德·本·伊萨·阿勒哈利法国王2020年度教育信息化奖。[106] ViLLE能够以实现课程目标为方向，辅助评价学生的学习进度，为学生进一步学习推荐个性化的学习路径，同时能够提供学习习惯分析和诊断建议，还能帮助教师监测班级平均成绩或个人成绩，并在学生出现学习问题时尽早做出预警。

虽然大数据学习分析已积累了一些成功的经验，但这一工具的应用仍然引起越来越多的争议。收集、管理大量可用的学生数据存在伦理上的问题，例如，这些数据可以用来衡量、检测学校在高利害考试中的表现（Timmis et al.，2016）。在此情境中，学生获取和使用信息与通信技术方面的经验与学生的社会背景有关，这将影响信息化评价结果，加剧对最弱势学生的不公平。

5.5.8 已有实施模式

系统化途径

将信息与通信技术整合进课程体系的系统化途径，包括纳入关于信息与通信技术教学应用的建议，以及关于获取数字工具和资源（包括互联网连接）的建议。系统化途径还需要确保全体教师都有能力在专业实践中使用信息与通信技术，并能够指导学生高效利用此类工具。因此，有必要将信息与通信技术整合进教师的职前培训。采用教师信息与通信技术能力标准，如联合国教科文组织的《教师信息和通信技术能力框架》，以及将信息与通信技术能力嵌入教师考核体系，也属于系统化途径。

渐进式途径

将信息与通信技术整合进课程体系的渐进式途径，包括为了扩大并且维持创新的规模，而提供长期的资金支持。只为教育信息化提供短期（如一到三年）资金的项目，很难做到改善学习、变革教学或改进实践。尤其是这种渐进式途径需要支持颠覆陈规的创新，引发教育领域的变革（Scanlon et al.，2013）。

将信息与通信技术整合进课程体系需要满足多种条件，涉及大量的主要利益攸关方的参与。但最重要的因素是教师是否有意愿、有能力使用信息与通信技术工具和资源进行教学创新。因此，一些信息与通信技术的实施模式建议，不仅要考虑教师的能力，而且要考虑他们对信息与通信技术的态度和想法（Ertmer et al.，2012；Kim et al.，2013；Kreijns et al.，2013；Krumsvik，2012）。

Q 范例

采用渐进式途径将信息与通信技术整合进课程和评价体系的案例可参见新加坡教育信息化总体规划的五次更迭[107]：

- **教育信息化总体规划**（第一阶段的规划：1997—2002年）

第一阶段的规划为学校应用信息与通信技术打下了坚实的基础。该规划提供了基本的基础设施，让教师具备了基本的数字能力，使得技术在教育领域得到了广泛的接纳和采用。信息与通信技术工具促使学生从听讲学习模式转向高阶思维模式，例如应用知识、总结提炼、评估等。该规划为学校设定的目标是在30%的课时中融入信息与通信技术。

■ **教育信息化总体规划第二期**（第二阶段的规划：2003—2008年）

第二阶段的规划建立在第一阶段规划的基础上，致力于实现信息与通信技术在教育教学中的有效、广泛应用。该规划的关键优先事项在于确保所有学校达到信息与通信技术整合应用的基线水平，同时为准备好达到高水平的学校提供全力支持。第二阶段的规划强调将信息与通信技术全方位地融入课程，并利用信息与通信技术开展形成性评价和总结性评价。例如，规定了在数学课程中使用图形计算器，而数据记录仪则被用于学生的科学课程评价。教育部并非通过光盘的形式向学生分发教育资源，而是将丰富的数字资源设置为通过在线门户网站向学生开放的学习内容。该规划同时鼓励学校进行资源建设和共享，作为对教育部发起项目的补充。

■ **教育信息化总体规划第三期**（第三阶段的规划：2009—2014年）

第三阶段的规划旨在丰富和改进学生的学习环境，让他们具备在知识经济中取得成功的关键能力与品格。本阶段的规划侧重培养学生自主学习和协作学习的能力，使学生能够负责任地使用信息与通信技术。本规划旨在更好地将信息与通信技术融入课程体系和面向未来的创新教学实践。在课程与评价的初始设计中就加入了信息与通信技术的整合计划，因此教师在正式上课前便已经在课程设计中考虑到了信息与通信技术的应用。这一规划在培养学生的网络健康意识方面也给予了应有的重视。

■ **教育信息化总体规划第四期**（第四阶段的规划：2015—2020年）

第四阶段的规划重点在于高质量的学习，它符合新加坡教育部强调的以学生为中心、以价值观为导向的教育。其中包括帮助学生获得学科知识、掌握21世纪技能、成为负责任的数字公民。本阶段的规划直接瞄准了课程、评价和教学中的信息与通信技术应用，试图在教育部的各司局实现将信息与通信技术协同融入教育结果。课程决定了学生是否完成了学习目标；反过来，学生们也通过他们的各种学习活动和策略回应了课堂上的教学。教学进一步强化了学习目标，并为学生接受评价做好准备。规划中所提出的一系列策略都致力于将技术系统地、全面地融入各学科领域，利用技术开展评价和国家考试，并且触达和支持主流课程之外的群体，促进包容性。

- 目前，新加坡的教育信息化总体规划已被**"教育技术计划"**（EdTech Plan）取代。该计划旨在引导建立从小学到大学预科阶段的技术生态系统。基于第一至第四阶段的规划奠定的基础，该计划制定了广阔的十年总体愿景（2020—2030年），旨在使教育更加自主、个性、连通和以人为本。

5.6 数字化学习资源的总体规划

专栏16：《青岛宣言》

开放式教育资源（OER）向教育利益攸关方提供了机会，使教材和其他形式学习内容的质量得到提高并更加容易获取，鼓励了内容的创新使用，促进了知识的创造。我们将致力于制定全部门战略和能力建设计划，充分发挥开放式教育资源的潜能，增加终身学习的机会，实现优质教育。

来源：《青岛宣言》，UNESCO，2015a，第7条。

5.6.1 简介

要充分发挥信息与通信技术在支持协同知识生产方面的潜能，其中一个方法是提供便捷的教育资源访问渠道。仅凭与课程相关的教育资源还不够，但这已经能帮助转变课堂上的教学方法，扩大学习机会，促进机会公平。因此，准备和发行数字化学习材料应当成为教育信息化政策中的重要组成部分。每个国家都需要制定政策，将学习资源提供给学校、教师和学生，并结合本地情况有效地保护数字资源版权。从新冠疫情中吸取的教训告诉我们，为所有学科、所有年级提供数字化学习资源已经成为在紧急状况下保障学习连续性和学习质量的关键生命线。

5.6.2 定义

数字化学习资源或学习内容，包含与国家课程或校本课程相匹配的大量数字化材料。这些材料可以任何多媒体形式呈现，包括图像或照片、音频和视频片段、虚拟仿真、动画。它们可以在计算机辅助教学或基于网络的教学的课件（包括慕课）中部署，也可以在各种独立的、可再利用的、可在不同学习系统间迁移的学习内容中部署[108]。

没有必要将一门课程或一个单元的学习资源全部数字化。要实现有效的学习，并保证充足的人际互动，通常只需要把部分课程内容数字化。这些资源可以单一的形式出现，如文本，也可以多种形式出现，如音频、视频、文本、图表。此外，这些资源既可以是静态的学习内容，如电子教材和网页，也可以是动态的学习内容，如动画、虚拟仿真和游戏。

数字教材可被视作一种特殊的学习资源，它具备一系列的数字元素，如词汇表、多媒体数据、评价栏、搜索功能、超文本链接，同时支持交叉引用、添加书签、高亮显示和笔记等功能。数字教材不仅仅是以数字或PDF格式呈现的传统教科书，它应支持旨在提升读者体验的交互功能。

有关数字化学习资源的总体规划应考虑在创作、存储、发行电子学习材料，培训教师使用这些材料，以及引入利用了先进技术的数字教材等新材料过程中的政策选择。

5.6.3　愿景

所有学生和教师都应当能够普遍获取高质量的数字化学习资源。这些资源应根据用户的需求、用户所处的文化和教育背景定制，并确保容易获取，同时通过公认的、适当的质量保障机制进行监测。这些资源应当易于管理、共享和查找，不仅可以再利用，还应定期接受评估、更新和调整，以确保发挥最新教学法和技术进步成果的效益。

5.6.4　挑战

保障数字化学习资源的质量并使其适应不同的教学环境是一项重大挑战。政策制定者通常会遇到以下问题。

- 需要财政资源的支持，以开发并定期更新覆盖所有科目、所有年级，与课程适配的数字化学习资源。

- 缺少与当地课程相适应的优质开放教育资源。

- 缺少多语种版本的本土化学习材料。

- 向终端用户提供学习材料往往存在滞后性。

- 偏远地区很难获取优质的学习材料，比如，在没有英语老师或科学老师的学校里的情况。

- 需要激励师生熟悉数字化学习资源，从而实施教与学。

- 常常需要对数字资源进行更新，以适应快速发展的技术和课程变化。

5.6.5 目的和目标

关于数字化学习材料的准备、发行和使用的政策应当针对以下目的和目标。

以本地语言提供适宜的数字化学习资源并覆盖所有年级和学科领域

- 在政策指向的学习环境中，可以通过各种设备（计算机或移动设备）搜索和访问学习资源。

- 以公共资金开发或采购的学习材料应当获得许可，鼓励教师使用并再利用这些材料。

- 应该对数字化学习资源采取开放教育资源政策。

安全地存储数字化学习资源，供教师和学生获取

- 应建立国家或地方的公共资源库或平台，通过技术与人为介入相结合的措施确保网络安全。

- 应采用通用学习设计（universal design for learning，UDL），保证残障人士和来自文化和语言少数群体的学习者也能够访问资源。

- 确保数字化学习资源发行至偏远地区和边缘学习者手中。

精心编订数字化学习资源，保障质量且与课程适配

- 建立质量保障标准，确保数字资源的质量控制。

- 数字资源应与课程和当地文化适配。

- 确保提供面向小组活动和同伴学习的教学建议。

培训教师查找、再利用、创作和分享数字资源的能力

- 为教师提供定期的在职培训机会，培养其查找、再利用、创作和分享数字资源的能力。

- 将使用数字资源的教学方法整合进教师培训课程。

- 在职前教师培训课程中纳入查找、开发和改编数字化学习资源的知识和技能。

整合数字化学习资源以支持学校教育和泛在学习的开放获取

- 整合数字化学习资源、数字设备、互联网连接及人为介入的协助和指导，以支持教育课程的开放获取（另参见第2.4节）。

- 将数字技术与数字资源相融合，实现随时随地的泛在学习[109]。

5.6.6　工作要点

为所有学科领域、所有年级开发数字化学习资源

数字化学习资源应当基于当地的课程和语言进行开发，并考虑以下建议。

- 对各级各类学校开展需求评估，可以包括：询问教师如何挑选、采用和使用能够满足学生需求的、最适宜的数字化学习资源。

- 根据本国的能力选择适当的方式、获取充足资金以保障数字化学习资源的生产和供给。可以选择政府主导开发、政府从市场采购或综合以上两种方案的混合式方案。

- 确保数字化学习资源能够照顾到来自经济、文化、语言少数群体的学习者（例如，开发支持当地语言或少数语言的特别版本，以及满足文化上特定需求的版本），并确保残疾学习者可以获取这些资源。

- 调整学习内容的质量保障机制，确保能够覆盖数字化学习资源。建立资源开发的质量监控机制，并制定相关的指导纲要和标准。

将教学原则嵌入数字化学习资源

- 在设计、开发数字化学习资源时，确保符合适龄的教学原则。组建的资源开发团队不仅需要包含项目经理、技术设计与生产专家、程序员，还需要邀请质量保障专家、同行评审专家、图书馆人员、教学设计者、媒介传播专家，如果可能的话，还应邀请国际专家加入团队。

- 鼓励教师策划、创作高质量的数字资源，支持他们通过实践共同体和线上平台与同行共享资源。

- 向教师提供学习路径或教学法建议，以便他们能够将资源应用于数字课程的结构化单元。为了将数字资源融入教学实践，要鼓励教师发挥主观能动性，支持教师对已有资源进行融合应用和创新性再利用。

建立国家或机构资源库，使数字化学习资源可以通过不同设备访问和搜索

新冠疫情造成的教育中断使各国政府都意识到，若要在危机中保护人们的受教育权利，国家/公共数字平台或线上学习平台将不再是可有可无的。第2.3.3节和第2.3.4节概述了如何通过各类社交媒体工具访问线上平台。2020年3月新冠疫情在全球暴发后，联合国教科文组织曾经列出一份清单，其中包含一系列旨在统筹和管理数字化学习资源并支持远程学习的国家平台或门户网站[110]。例如，美国华盛顿州社区和技术学院委员会建立的开放教育资源库[111]名为"华盛顿开放教育资源网络"[112]，根据学科领域和资源中使用的主要多媒体形式进行分类。除了国家数字资源库之外，许多地区也建立了机构资源库，尤其是在高等教育领域，例如新加坡南洋理工大学的"DR-NTU"[113]，这个数字资源库能够提供研究数据，支持分享研究论文和学术观点。

政策制定者可采取以下不同方式：

- 为资源库或门户网站开发适当的功能，允许教师和学习者通过不同的平台或设备访问学习资源。

- 开发能够通过唯一身份识别及认证登录的学习资源库或数据库，支持搜索、查找，并具备存储、修改收藏资源的功能。

- 选择一个内容管理系统，使用户能够实时或按需创建、检索和编辑包括插画、统计图表、动画、音频、视频等在内的数字格式的信息和知识。

- 审查市场上的供应商，根据人文主义原则、包容性、公平性及其他相关标准，确认它们是否为具备资质的供应商（详见第2.2.2节）。

善用开放教育资源

根据联合国教科文组织《开放教育资源建议书》，政府应考虑采取以下行动：

- 制定相关政策，确保开放教育资源的采用和有效利用，包括建立政府监管框架，以支持公共资助的教育和研究材料的开放许可。为促使开放教育资源的使用和改编有助于实现可持续发展目标4，制定相应策略，建立开放教育资源的相关研究机制并提供资金。关于如何制定有关开放教育资源的国家政策，可参考联合国教科文组织的出版物《开放教育资源政策制定指导纲要》（Miao et al., 2019）。

■ 针对需要利用公共资金采购的数字化学习资源，制定有关采购和开源许可的具体机制。此举包括委托非政府机构开发教育资源，但须签订协议以确保这些资源的知识产权和著作权归政府所有。对使用公共资金生产的资源颁发开源许可。

■ 将开放教育资源能力建设纳入教师、教育管理人员及其他主要利益攸关者的培训中。此举旨在提高所有利益攸关者创建、访问、再利用、转用、改编、重新调配开放教育资源的能力。更重要的是，政府应该就如何以符合国家版权法和国际规约的方式应用开源许可开发培训课程。

■ 通过国家或机构的数字资源库和个人通信工具，促进优质开放教育资源的包容和公平获取。国家或机构的资源库应明确规定数字化学习资源的许可政策，并为所有数字化学习资源注明版权或开源许可。应当确保自制的数字学习资源和开放教育资源可通过任何媒介访问，并以开放的格式及标准共享，最大限度地促进资源的公平获取、共同创作，并确保其可管理、可搜索，同时为残疾群体或弱势群体提供服务。

■ 将开放教育资源管理纳入国家数字化学习资源开发计划，支持开放教育资源在国家、区域和机构层面的可持续建设和共享。此举包括建立国际合作机制，采纳国际上现有的开放教育资源并将其本土化，以减少对开放教育资源的不必要重复投资。

为教师提供有关如何搜索、选择、再利用、创作、共享数字资源的职前和在职培训

■ 针对不同需求进行培训，包括在互联网上搜索资源、评估数字资源、将不同类型的资源融入不同的教学法，以及利用新兴技术开发新资源。

■ 通过提供培训奖励、培训证书和弹性培训时间等方式，鼓励教师参与。

■ 通过研讨会、工作坊、会议、线上实践共同体等方式，支持教师持续的专业发展。

■ 贯通同主题的职前和在职教师培训课程。

利用数字化学习资源实现泛在学习

要实现泛在学习，不仅需要能随时随地访问学习资源的基础设施，还需要根据学习者的不同特征采用新的教学方法。个性化学习旨在根据每一位学习者独特的需求优化其学习节奏，有时还涉及改善学习方法。无论是泛在学习还是个性化学习，学习活动都应当是有意义的、与学习者密切关联的，并可根据他们的需求进行调整。在研制优质学习资源的过程中，应考虑使学习资源能够适应每位学习者的学习节奏、学习目标和学习方法。部分学习工具还可以为学习者提供定制化和优化的知识服务。如此看来，实现泛在学习需要高水准的教育信息化准备，包括数字设备和互联网连接、数字化学习内容、教师的数字能力以及设计和引导线上学习的能力。

- 分析教育信息化的准备状况，评估学习者的需求，尤其需要确认他们是否能够获取学习资源，并明确不同年级、不同学科领域在这方面的差距。

- 基于可用预算，从内容传输技术和终端用户设备两方面选择适宜的资源获取解决方案，以支持数字资源的普惠获取。

- 基于可行性分析，决定是否启动项目，并规定推出解决方案所需的时间。

5.6.7 贯穿各项工作要点的共性问题

建立质量监控和保障机制，确保开发优质学习资源

质量保障是一种或一套旨在确保所开发的内容符合规定标准的程序。为保证质量，必须建立相应的指导纲要或标准。建议成立由学校代表、学习资源及课程开发专家组成的质量保障委员会。目前已形成了自下而上、轻量级、用户定义的模式，如英国南安普敦大学的EdShare项目[114]；也有自上而下、严格控制的模式，如同样来自英国的"开放学习倡议"（OpenLearn Initiative）[115]。

Q 范例

- **《卓越在线学习通用标准》：** 沙特阿拉伯的国家电子学习中心[116]制定了一份名为《卓越在线学习通用标准》的文件，该文件提供了一组质量保障参考标准，涵盖以下数字化学习资源：数字课件、慕课、基于电视的远程学习课程、国家学习平台汇集的资源，以及支持沉浸式和增强式学习环境的资源。

通过可持续机制激励和支持教师创作、共享优质的开放教育资源

数字化学习资源需要定期更新，政府也需要建立动态模型，以支持教师创作开放教育资源，并确保该资源在通过质量审查之后再进入国家资源库共享。

专栏17：巴林的开放教育资源政策

1. 为保证教师生产的开放教育资源质量，需在制作过程中全程参考《数字内容制作指南》。随后再通过以下步骤对内容进行修订和评价：

- 由校内的教育技术专家根据《数字内容制作指南》进行技术修订。

- 由高级教师修订并批准。

- 由校长修订并批准。

- 通过特定的网站上传修订及批准后的内容。

- 由教育专家（课程和督导委员会）定稿。

2. 除了教师上传自身作品的做法外，高级教师、校长以及所有监督教学的教育工作者都应当定期推荐教师制作的优质学习内容，以实现教与学的共赢。

3. 教育部的教育工作者应当在获得开源许可并得到课程和督导委员会的正式批准后，将自己的教育成果申报为开放教育资源出版。

4. 开放教育资源委员会应建立正式机制，以收集有价值的、高质量的学生作业、项目和教育材料，作为潜在的开放教育资源。这将在开放教育资源政策实施的今后过程中开展。

5. 哈马德国王未来学校项目管理着开放教育资源的出版过程，出版的材料可能来自各学校或者教育部的各个委员会，也可能由其他渠道方上传至特定的网站（需遵循一定的标准）。

6. 开放教育资源委员会需要与相关政府官员协调，确保开放教育资源政策的实施与其他领域（如人力资源和课程领域）的政策协调一致。

来源：Miao et al.，2016，p. 38。

5.6.8 已有实施模式

带有预加载内容的离线设备

在没有稳定互联网连接的学习场景中，常采用如平板电脑、笔记本电脑等离线设备，并预先安装好应用程序和数字化学习资源。预加载模式的优点是能够使没有网络连接的学生轻松收到预先安排的课程和学习材料。当网络可用时，预加载的软件和内容即可定期更新。这种模式要求平板电脑或笔记本电脑坚固耐用、不易破损。

Q 范例

- **泰国的"一学童一平板"项目：** 该项目是预加载离线设备模式的典型案例（Viriyapong and Harfield，2013）。2012年，泰国政府为每一位小学一年级学生发放了一台平板电脑，旨在缩小数字鸿沟，解决不平等现象。他们在平板电脑上预加载了供所有学生平等访问的学习材料，鼓励学生们自学。政府为平板电脑装载了336种学习材料（包含电子书、视频、互动内容），涵盖五个学科：数学、科学、泰语、社会研究和英语。他们同时计划培训549位督导，以帮助54900位小学一年级教师学会有效使用平板电脑。2012年，这一雄心勃勃的项目共计发放了86万部平板电脑。截至2014年6月，约有120万部平板被分发到了学生手中。然而，这一项目已被新政府叫停。

在线数字教材

如前所述，数字教材是精心设计的学习资源，能够扩展学习活动，实现以教科书为基础的课程目标。数字教材包含了一系列数字内容，拥有丰富的互动或协作功能，可以满足个性化的数字学习需求。

Q 范例

- **韩国的数字教材计划：** 自2002年起，韩国政府便致力于开发新的教学系统，并制定了电子教科书的中长期发展规划。2013年以来，韩国一直在积极开发数字教材，并开始在569所试点学校推行，以评估其有效性。超过20万名教师接受了培训。试点结束后，数字教材于2018年正式推出，相关研究也在不断探索其有效性。有证据表明，数字教材能够提升师生的能力、认知和情感，并引发课堂上的积极变化。此外，研究也发现，在使用数字教材后，学生的创造力、创新性、批判性思维以及信息素养都得到了提高（Korea Education and Research Information Service，2017）。

通过电视和卫星单向提供优质学习材料，使学习者获得学习资源

为学习者分发学习资源的最典型方法是使用诸如收音机或电视之类的电子设备。

有时也可以通过卫星将学习资源传输至偏远地区。对于农村地区缺乏稳定互联网连接的国家来说，卫星传输不失为一个好方法（Bates，2005）。要使用这种办法，就必须确保广播频道的安全，设计并开发课程，准备学习资料，并指导教师利用广播或电视放送的学习资源来设计并促进混合式学习（UNESCO，2020d）。

直播高质量课程

以音频或视频形式输出的直播平台使得用户可以使用摄像头和联网计算机进行直播。观众可以通过各种浏览器和播放器接收学习资源，但直播需要高速的互联网支持。要将任何类型的在线课程流媒体化，课程提供方都需要确保音/视频的质量，以保证课程的清晰传输以及多方实时稳定对话（UNESCO，2020d）。此外，还需要解决直播服务的成本问题和线上资源库的开源问题[117]。

小组学习的资源管理和建议路径

管理数字资源是在大量的互联网资源中寻找、挑选、分类和存储信息，并基于教学目的将最优的资源以有意义、有条理的方式呈现的过程。在公开资源之前，应先对其进行筛选、梳理，并置于特定的主题下[118]。对于拥有较少可用学习资源的国家，从互联网中精选内容是个不错的替代办法。此外，利用本方法需要建立一套质量监控机制，教师也需要花费额外的时间备课。教师培训项目应当为教师创造条件，确保其能够获得本学科领域的最佳素材，促进教师掌握相应的能力，准备好为学习者制作数字化学习资源。教师可以提前熟悉某些好用的网站，需要时便利用网站上的资源，从而节省备课时间。

5.7 教育管理信息系统的总体规划

专栏18：《青岛宣言》

我们承诺建立综合性国家监测和评估体系，为在教育中纳入、运用信息通信技术并认识其影响而进行的政策制定提供完善的证据，以改善教育体系的管理，确保问责制，了解信息通信技术对传播知识、获得新技能和新能力以及形成与建设可持续的和平社会相关的价值观念与态度等，所发挥的主要作用。

来源：《青岛宣言》，UNESCO，2015a，第17条。

5.7.1 简介

教育系统与多个政策领域接轨（行政管理、规划、政策制定、监测与评价），同时横跨政策过程的多个阶段（数据和信息的收集、聚合、分析和使用）。若要确保教育政策的规划、实施、监测和持续改进是有效、高效且公平的，就需要满足行政管理者、规划者、政策制定者和决策者对数据和信息的需求。教育管理信息系统的作用即收集、处理所需的数据。

教育管理信息系统将常规的教育数据（例如，学籍号、性别比例、出勤率、支出）和信息系统（例如，学习管理系统、虚拟学习环境、自适应技术）中自动收集的数据进行归并处理。因此，这类系统对于有效监管、评价教育政策的制定和管理发挥着重要作用。教育管理信息系统能够提供系统化的优质数据，其数据支持系统的结构良好，并且通过用户友好的界面来促进对信息的利用，从而支持决策和开展政策对话。

若要以成功且有意义的方式利用教育管理信息系统，就必须在其设计和实施中贯彻以用户为中心的方法。应考虑到各利益攸关方，包括教师、父母、校长、规划者、决策者、教育部各部门和司局，以及其他政府和非政府机构、国内和国际组织、捐赠机构以及民间社会组织。为了理解复杂的教育现象，更好地为教育政策提供信息，就有必要利用各类补充性的信息源，并鼓励利益攸关方参与进来。

5.7.2 定义

联合国教科文组织基于系统的方法，将教育管理信息系统定义为"日益受到数字技术支持的综合业务流程，能够在教育中收集、聚合、分析及使用数据和信息，用于行政管理、规划、政策制定、监测与评价等方面"（UNESCO，2018a，p.9）。教育管理信息系统可以说是一系列相互依存的组件，每个组件都在系统的整体运作中发挥作用。教育管理信息系统还连接并反映了不同教育系统（州、省、地区和学校）的相互依存性，为"整个教育系统，分领域以及机构内部和彼此之间的行政、管理、规划及政策决策"提供信息（UNESCO，2018a，p.9）。

在宏观层面，政策制定者若能获取全国性的指标，将对他们监测和评估某项政策的实施很有帮助。在此层面上，国际可比的指标也非常重要，因为它可以对正在实施的不同模型开展基准测试。通常，全国性的教育指标可以来自行政管理档案（包括教育管理信息系统登记的数据）、人口普查、抽样调查、评估和测试。

在机构或中观层面，教育管理信息系统还应涵盖行政管理人员、教师和民间社会组织。教育管理信息系统能够提供相关的分类信息，以促进教育管理的效能与效率。

此外，有关信息与通信技术应用程序的供给和使用的指标也能为教育信息化的政策规划提供支持。

在微观层面，健全的行政管理数据有助于班级或教师做出决策。在这一层面，教育管理信息系统可作为一种通过与学习管理系统和虚拟学习环境结合使用来提升教育质量的工具。它能够为教学过程提供数据分析和个性化的教学管理。

使用教育管理信息系统支持循证政策的规划涉及**数据的收集、聚合、分析和使用**。

在**数据收集**方面，关键在于确保教育管理信息系统收集了所需的信息，而且能够根据适当的参数有效地使用这些数据。对于旨在支持政策的数据，关键在于考虑与特定决策需求高度相关的信息是否可用，是否随时可取。数据生产过程也需要考虑到数据的准确性、完整性、成本以及调查对象的负担等因素。

在**数据聚合和数据分析**方面，教育管理信息系统的开发需要与研究人员、系统设计者和实践工作者的愿景相适应，同时还需要立足于教育利益攸关方的政策和管理愿景。由于决策者、政策制定者、研究人员、学生和教师等用户的基本情况不同，他们的需求也各不相同。公众需要了解整个教育系统的状况；预算规划人员需要详尽的数据以验证资源分配的合理性，或是为某一特定的教育项目申请资金；政策或项目负责人需要根据目标来监控实施进展，并向其他利益攸关方通报进展信息。因此，数据分析必须根据不同用户的需求和他们对信息的熟悉程度进行调整。

从**数据使用**的角度来说，重要的是确保教育系统的整体管理和决策过程都基于对证据的详细解读。教育管理信息系统的目的和用途包括：行政管理、规划、政策制定、监测与评价。其中的每一项都与一系列的目标和工作要点有关。

5.7.3　愿景

应建立并不断更新信息与通信技术增强的教育管理信息系统，为所有部门和各类教育提供及时的数据支持。教育管理信息系统的管理人员和政策制定者的能力将得到提升，因为该系统能够促进数据的收集、聚合、分析和使用，以此来支持监测、政策制定和实践改进。该系统也将持续提高教育政策规划和管理过程中的效能、效率和公平性。

5.7.4　挑战

近几十年来，信息与通信技术在社会各个领域的快速发展和大规模应用，再加上所谓"数据革命"的到来，为政策制定和管理提供了新的数据源。然而，大部分国家的教育管理信息系统仍依赖传统的数据收集方法。挑战来自数据收集以及教育管理信息系统的另外三个关键方面，即数据聚合、数据分析和数据使用。

- **数据收集**：一方面，得益于社交媒体平台、学习管理系统或虚拟学习环境的数据挖掘，新的数据源不断涌现。另一方面，在大多数发展中国家，教育政策的规划仍缺少可靠、系统、与时俱进且具有国际可比性的数据。如何利用新兴数据源支持发展中国家的数据收集，仍是一个挑战。

- **数据聚合**：在许多教育系统中，学校是数据收集的终端，且仍采用纸质格式收集数据，随后再将这些数据报告至地方或国家教育主管部门。这些信息在多大程度上可用，取决于其是否被有效地聚合。总体而言，各国缺乏根据指标聚合数据并进行分析的能力，更根本的问题是缺乏制定清晰的指标体系的能力。此外，在许多国家，实施教育管理信息系统的努力仅限于提升信息与通信技术水平和数据的储存、维护，而对于当地教育管理信息系统支持团队的应用能力建设缺乏重视。

- **数据分析**：各国同样面临有关数据适切性、可靠性和可访问性的挑战。具体的挑战包括以纸质形式为教育管理信息系统收集、处理、报告数据的成本较高；同时部署的多个教育管理信息系统之间缺乏互通性；由于系统分散化、支持团队能力有限，导致对紧急情况和危机的响应能力不足。

- **数据使用**：要实现循证政策规划，挑战不只在于数据的生产，还在于制定回顾反思的流程，政策制定者可以借此流程从多个视角利用数据吸取经验教训。此外，政策制定者还需意识到，现有的数据始终是片面的——很可能缺少或无法收集到许多重要变量的数据。因此，必须仔细地、批判性地解读数据的结果。

5.7.5 目的和目标

学校和教育机构应生成可靠的数据，为政策制定提供参考

- 所有学校和教育机构都应能够连接到互联网，并能够通过学习管理系统、虚拟学习环境和自适应技术收集实时数据。

- 使行政管理的流程数字化。

- 校长和教师应接受培训并获得支持，从而维护好学校或机构层面的数据收集工作。

教育管理信息系统支持团队应具备聚合、分析数据并引导数据使用的能力

- 加强机构和国家教育管理信息系统之间的互通性，使现有的众多系统能够支持数据聚合和数据分析。

- 根据政策制定者的需求,把关键指标界定清楚,作为对数据聚合的支撑。

- 定期采用替代方法收集数据,如抽样调查和结构性测试等,以此生成无法通过教育管理信息系统获取的信息。

教育管理信息系统为教育政策的规划、实施和评价提供最新数据

- 政策制定者有足够的能力有效使用教育管理信息系统提供的数据。

- 校长和教师参加培训,学习如何使用教育管理信息系统、如何在机构层面解读数据分析结果,并据此决定如何进一步优化日常工作。

- 家长和学生参与他们个人信息的使用过程,并知晓与自己有关的数据分析结果。

- 所有利益攸关方,包括教师、家长、学生、政策制定者、开发人员和校长,都了解在数据使用和教育管理信息系统生成结果中所涉及的隐私和伦理问题。

5.7.6 工作要点

改善网络连接、优化处理流程并提升个人能力,支持教育管理信息系统收集健全的数据

- 在学校层面建立和强化教育管理信息系统支持团队,由校长、教师、行政人员等经常填写问卷或在行政管理数据库中录入数据的人员组成。学校的管理团队和上级教育主管部门应确保此团队拥有相关工具,同时具备有关如何使用系统主要功能的知识,包括录入数据、搜索输出结果和解读结果。应鼓励他们使用数据,以改善学校的管理水平。

- 连接所有目标学校和教育机构,确保在教育管理信息系统中高效率、高质量地收集和录入机构层面的数据。

- 利用新兴技术提升数据收集的成本效益、准确性、安全性以及效率,包括:利用在发展中国家普及的移动宽带网络,使用移动应用程序在教育管理信息系统中录入数据(关于低带宽解决方案的相关信息,见第2.3节);探索利用区块链技术为教育管理信息系统收集、记录数据的可行性(见第2.5节)。

- 贯通、优化信息管理流程,使教育管理信息系统中的数据记录能够无缝贯通国家、区域、城市、学校等各层级。

■ 为校长、教师提供培训，使其具备使用教育管理信息系统并解读系统输出结果的能力。

开发指标，加强数据聚合和数据分析

■ 建立国家级数据库，统筹和管理从各地收集到的教育数据。应开发和研制教育管理信息系统集成的各个模块，使其适应各目标群体的需求，包括教师、家长、学生、当地主要合作伙伴、政策制定者、各级教育行政管理人员，以及国际合作伙伴和国家教育领导团队的代表。

■ 开发并持续增强关键指标的适切性，并通过指标来确保数据的可分析性。指标可以按以下方式聚合分类：按地区（城市、农村）、按教育水平（小学、中学等）、按身体是否残疾或是否有其他隐忧、按性别，以及按该地区/该学校的社会经济状况。同时还应开发与可持续发展目标4中的关键目标相对应的指标，以收集有关目标实施进展和面临挑战的信息。关于可持续发展目标4相关指标的详述，见《2030年教育：仁川宣言和行动框架》（UNESCO，2016d）。联合国教科文组织统计研究所[119]提供了44项指标的数据，这些指标旨在衡量可持续发展目标4的进展情况。

■ 从多渠道收集和整合数据，例如行政数据（包括来自教育管理信息系统）、抽样调查、结构性测试和大数据源。整合各数据源，并结合定量和定性研究方法。采用能够提高输出结果稳健性和准确性的方法。

加强在政策制定、教与学方面有效利用数据的技术和人员能力

■ 建立或强化国家/地方集中式教育管理信息系统的技术能力，以支持数据分析和可视化、报告生成以及沟通。本指导纲要没有详细介绍能够用以建设或加强集中式教育管理信息系统的新兴技术，但教育管理信息系统的技术能力应遵循以下目标：第一，为政策制定者、管理人员、教师和公众提升交互界面（例如，导航栏）的用户友好性。第二，使教育管理信息系统工具或应用程序能够通过各种设备访问，特别是通过手机。如果可能的话，系统还应支持所有主要的本地语言。第三，确保教育管理信息系统的工具或应用程序能在各种情境下运行和访问，包括在紧急情况或危机下。

■ 全面审视区块链技术的成熟度，包括使用区块链建立分散式教育管理信息系统的潜力和风险。更具体地说，评估本国教育信息化的准备状况，并根据可用的公共资金研判其可行性，然后决定是否采用区块链技术为本国的教育管理信息系统进行升级。

- 探索使用新兴技术提升教育管理信息系统工具的服务和数据供给水平。目前已经有利用自然语言处理和基于机器学习的聊天机器人向用户提供自动化服务的案例。聊天机器人解读用户发出的语音信息，利用数据库中的信息对其进行回复，向用户推荐其预设或习得的行动方案。在教育领域，包括澳大利亚迪肯大学开发的"天才"应用程序（Genie App）[120]在内的聊天机器人，目前已经在为行政管理工作提供全天候的语音控制辅助服务，除此之外，它还能提供与研究项目、排班表和专题研究领域基本知识有关的信息。

- 制定旨在提高相应意识和技能的能力建设战略，目的是在所有层面采用教育管理信息系统并形成制度。组织培训或提供指导，强化所有层级的行政人员、管理者和决策者的能力，加强学校或机构层面教师以及教育管理信息系统支持团队的能力。确保培训内容包括使用教育管理信息系统收集、生产和分析数据，并囊括循证决策以及安全、合乎伦理地使用个人信息的相关内容。

- 制定有关教育管理信息系统数据和产出结果应用的全方位沟通策略，包括对各层级、各目标人群的报告进行验证，并确认发布报告的主要媒介和活动。应当为不同的目标用户定制信息，确保考虑到家长、学生和学校管理人员等各方的需求。例如，家长和学生应能轻松获取出勤率、考试结果和学校的最新消息。

- 开展专业培训，使政策制定者、校长、教师和家长能够仔细解读教育管理信息系统输出的结果以及其他背景信息。

5.7.7 贯穿各项工作要点的共性问题

数据隐私与合乎伦理地使用数据

教育管理信息系统能够提高数据的可用性，从而为教育政策的规划提供信息，然而，这类系统的采用给学习者和其他利益攸关方的教育、个人数据安全及隐私保护带来了新的风险。教育数据，尤其是涉及学校和教职工绩效的数据是高度敏感的，因为这些数据可用于影响未来的招聘决策，对社会的其他领域也会有影响（UNESCO，2018a）。学习者及其父母的教育信息和个人数据也很容易被营利性的数据挖掘行为所利用。因此，必须采取技术和人为干预措施，保护教育管理信息系统平台和工具的安全性及个人隐私。这是贯穿此类数字系统开发和实施过程的关键问题。基于第4.1节中介绍的通用法规，政府机构和利益攸关方应推动新形式的数据治理和数据隐私法律框架的制定。更具体地说，国家机构及其合作伙伴需要针对网络安全和教育管理信息系统的数据隐私开发具体的监管框架。同时，应将数据的使用伦理作为核心要素纳入所有层级的教育管理信息系统支持团队的能力建设课程中。

信息来源和国际可比性

为教育系统的投入、过程和产出设定高质量指标，是有效收集教育管理信息系统数据的基础。国家的政策目标是制定监测和评估指标的关键参数，应当反映可持续发展目标4等全球公认目标以及《开放教育资源建议书》等国际标准文书在当地的实施情况。总体而言，这些指标既需要反映当地对教育发展的需求，也需要反映政府认可的全球优先事项。在设置数据收集的指标及质量保障程序时，应确保教育管理信息系统使用的数据具有国际可比性。

学校是教育管理信息系统的主要数据源，系统需要大量的数据输入来评估教育系统的表现并监管资源的分配。数据的范围包括教师和学生的部署及出勤率、教学材料的推广及财政资源的分配。在学校层面，应整合以下信息来源，以服务特定的目标。

■ 人口普查和抽样调查

作为对学校行政数据的补充，可以通过人口普查和抽样调查来收集定量数据和定性反馈，后者包括对教育政策规划、监测和评估等方面的意见。

■ 通过学习管理系统生成形成性评价

跟踪研究学生形成性学习结果并与学校资源相关联，对于提升学校的科研能力及改善教育管理具有很大潜力。乌拉圭[121]等国家已经在公立学校推行了基于信息与通信技术的形成性评价。借助评价平台，可以在任意一台联网的计算机上进行年度学习评价。考试结束后，教师就能收到个人和集体报告，其中记录了学生的学习结果，包括已达到的课程目标、面临的主要挑战以及与过往表现的比较。

基于大数据的学习分析

在一些国家，随着数字化的学习管理系统、虚拟学习环境和自适应平台被越来越多地应用，自然生成了大量数据用于数据分析。学习分析是一个学术领域，它涉及收集、分析和报告大量与学习者及其背景有关的数据，旨在理解并优化学习本身及学习环境。学生在与线上平台交互的过程中留下的大量数据（又被称为"数字足迹"），以及他们明确提供的响应，对于洞察何种资源对特定类型的学生最为适用有着巨大潜力。然而，如同所有原始数据一样，这些信息本身不能被解释，需要对其进行处理并与有意义的概念和理论关联起来。

学习分析作为一个研究领域尚在发展过程中。它需要解决至少四个方面的挑战（Ferguson and Buckingham Shum，2012）：（1）与学习科学相结合；（2）使用更广泛的数据集；（3）从学习者的视角出发；（4）制定在教育环境中管理和使用学生个人信息及数据的伦理准则。

技术和实践上的挑战同样存在。例如，清洗数据、确定分析方法并从中构建相关的知识，都是耗时的复杂过程。教育管理信息系统或学习分析的用户（包括教师和校长）都需要发展数据解读能力，由此才能得到可靠的结论，并以有意义的方式利用输出的结果。

5.7.8　已有实施模式

教育管理信息系统可以选择不同程度的集中式或分散式模型。如，国家集中式教育管理信息系统，地方教育管理信息系统（省级或市级），以及机构教育管理信息系统。国家为每个地方实体机构部署本地的教育管理信息系统时，必须制定和执行互通性标准，确保以全国范围的管理指标为基础进行信息交流。

集中式的综合国家级教育管理信息系统

实行中央集权的政治与行政体系的国家，常常选择建立集中且综合的教育管理信息系统，以收集和处理有关学校日常事务和各级教育管理的数据，这通常要求国家平台能够通过网络连接地方平台。

Q 范例

- **韩国国家教育信息系统：**韩国国家教育信息系统于2003年启用，一直由韩国教育与科研情报服务部管理。该系统运行约12000所中小学的行政管理工作。这一系统的启用促成了于1995年开发的学生信息系统以及于1997年开发的学校信息管理系统的融合与升级。为每个学校开发的独立客户端-服务器系统也通过互联网集成到了公共数据库和联网接口中（Karippacheril and Kim，2016）。其中央Linux式平台[122]包含来自12000所学校的教师及约800万名学生的数据。这些信息仅能通过授权的计算机访问。

  自21世纪初开始，韩国政府设定了相关愿景，推动国家教育信息系统的转型，使之成为高效、技术先进且公开透明的系统。在提升行政效率、优化教师工作环境方面，国家教育信息系统一直是领先的集中式国家教育管理信息系统之一。国家教育信息系统的三级架构及其与国家级资源库共享信息的有关介绍，可参考一份政策简报（UNESCO IITE，2010）。2015年，这一系统成为政府和公众在数据隐私方面的争论焦点（Park，2006）。有27类个人信息将被整合到教育部下属的地方教育机构管理的服务器中。该系统包含学生的学业记录、既往病史、咨询记录和家庭背景等相关数据。系统中甚至储存了全国教师工会的活动记录。由于担心成员受到系统监视，教师工会和其他民间组织共同举行了抗议集会。韩国国家人权委员会建议将27类个人数据中的3类从系统数据库中剔除。因此，教育部相应地剔除了这3类数据，但仍保留了另外24类信息。

中央协调地方多利益攸关方的数据生产

实行联邦制或分权制的政治与行政体系的国家，通常在地方层面收集、聚合和分析数据，教育管理信息系统平台的建立和使用同样在这一层面进行。但若中央或联邦政府要对全国范围的教育数据进行整合和处理，还需要一个集中协调机制的支持。

Q 范例

■ **巴西：** 巴西的教育数据生态系统是通过跨机构合作发展起来的，政府机构、研究机构、非营利组织和私营组织等民间社会组织都参与其中，如**图5**所示。巴西地理和统计研究所（IBGE）是数据的生产者，负责监管全国统计数据的协调。国家教育研究院（Inep）是与教育部相关的联邦组织，其任务是为各级政府制定教育政策提供依据。Inep同时还负责基础教育和高等教育普查。至于信息与通信技术的跨领域统计数据，大部分在巴西开展的具有全国代表性的研究都出自巴西信息社会发展地区研究中心（Cetic.br），该中心是巴西网络信息中心（NIC.br）的一个部门。巴西网络信息中心负责执行巴西互联网指导委员会（CGI.br）的决定，并受其资助。

信息社会发展地区研究中心、网络信息中心和互联网指导委员会的共同任务是推动支持巴西数字化转型的研究。信息社会发展地区研究中心的主要目标是生成可靠的指标，并研究信息与通信技术在巴西的普及和使用情况。研究过程以多利益攸关方的方式构建。2012年，巴西政府与联合国教科文组织签订了一项开创性的协议。通过这份协议，信息社会发展地区研究中心成为联合国教科文组织的第一个信息社会研究中心。该中心的研究覆盖拉丁美洲以及非洲的葡语国家。

图5   巴西教育数据生产的多利益攸关方协调机制

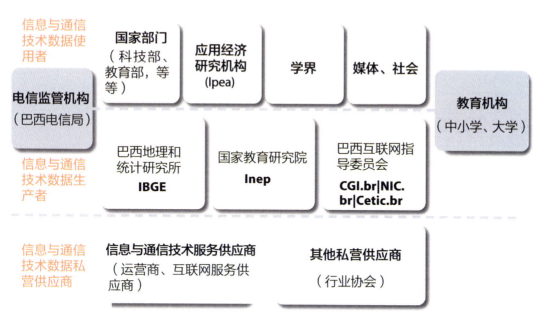

来源：Cetic.br。

联合国教科文组织的开放教育管理信息系统（OpenEMIS）

OpenEMIS[123]是联合国教科文组织与美国的社区系统基金会（CSF）在2008年合作开发的可定制开源工具包。其目标是促进建立可靠的国家或机构教育管理信息系统，使系统既能适应教育管理的需求，又能支持循证政策和规划的制定。自2013年以来，OpenEMIS一直在UNESCO-CSF OpenEMIS 框架协议下实施。从2013年至2018年末，OpenEMIS已在15个国家试行或正式运行。2019年12月，联合国教科文组织从适宜性、有效性、高效性和可持续性四个方面对这一项目实施了外部评估（UNESCO，2020f）。结果显示，OpenEMIS确实推动了教育管理信息系统平台的建设和教育政策的循证规划。但OpenEMIS平台和工具的配置及扩展需要花费大量经费，同时要求系统的实施部门或机构具备较高的技术能力。自2020年起，OpenEMIS由社区系统基金会独立维护和管理。

6. 持续性改进与前瞻性评估

6.1　通过评估促进持续的学习

虽然"设计教育全领域的总体规划"是路线图的最后一步，但不应将其视为政策规划和施行进程的终点。相反，制定和实施政策及总体规划还需要通过评估不断进行学习。在政策制定过程中的每一步，都必须抓住一切机会，从已经发生的事件——尤其是挑战——中汲取教训，与此同时，也要从行之有效的实践中积累经验，以便这些经验在接下来的步骤中发挥作用。这种迭接式的方法是政策制定的关键，尤其是当政策涉及公认为持续快速发展的技术领域时。政策制定者每前进一步，都应该从先前的步骤中总结经验，并对调整和变化持开放态度，以确保政策尽可能对教与学产生最大的效应。

通过周期性反馈循环来落实政策的制定至关重要。在这个过程中，需对总体规划及其各个步骤进行分析，并将分析结果融入每一轮新的迭代中。其目的是确保政策可以根据质量保障基准实现其目标，并在目标发生变化或可能无法实现时及时调整规划。持续不断的监测和研究通过正向循环反馈至总体规划，可以帮助各国实现或超越其政策实施目标，应对不断变化的环境（如新技术或新危机的出现），并以最优且最有效的方式利用现有资源（人力、技术和资金）。

6.2　总结与关键因素

正如本出版物始终强调的，信息与通信技术在支持各国实现可持续发展目标4方面具有巨大的潜能。然而，仍存在许多因素有待政策制定者了解和解决。这些关键因素包括：

- 教育信息化应用应遵循人文主义原则，为人服务并提高人的能力；应避免信息与通信技术对学生福祉的潜在负面影响；政策必须平衡教育效益和环境代价。

- 应将扩大受教育机会、促进包容及支持终身学习作为优先事项。

- 信息与通信技术本身并不能解决一个国家的教育问题，因此，无论是否借助信息与通信技术，都应首先解决教育系统内的现有挑战。

■ 教与学不应该由技术驱动；应该开发通过利用信息与通信技术提高学习质量的教学法，同时避免不好的教学实践形成习惯。

■ 必须进行培训，使教师能够充分而审慎地利用信息与通信技术。

■ 教育信息化政策的制定是一个长期过程，应将政策和总体规划作为整合性教育档案的一部分。

7. 参考文献

Altbach, P., Reisberg, L. and Rumbley, L.E. 2009. *Trends in Global Higher Education: Tracking an Academic Revolution*. Paris, UNESCO Publishing. Available at: https://unesdoc.unesco. Org/ark:/48223/ pf0000183219 (Accessed 15 October 2021.)

Bates, A.W. 2005. *Technology, E-learning and Distance Education*. London, Routledge.

Beckers, J., Dolmans, D. and Van Merrienboer, J. J. G. 2016. e-Portfolios enhancing students' self-directed learning: A systematic review of influencing factors. *Australasian Journal of Educational Technology,* Vol. 32, No. 2. Tugun, Australasian Society for Computers in Learning in Tertiary Education (ASCILITE), pp. 32-46. Available at: https://doi. org/10.14742/ajet.2528 (Accessed 15 October 2021.)

Bleeker, A. 2019. Using Universal Service Funds to increase access to technology for persons with disabilities in the Caribbean. *Studies and Perspectives series-ECLACSubregional Headquarters for the Caribbean, No. 79*. Santiago, Economic Commission for Latin America and the Caribbean (ECLAC). Available at: https://www.cepal.org/sites/default/ files/events/files/series_79_lcarts2019_2.pdf (Accessed 4 January 2021.)

Bocconi, S., Chioccariello, A., Dettori, G., Ferrari, A., Engelhardt, K., Kampylis, P. and Punie, Y. 2016a. *Developing Computational Thinking in Compulsory Education: Implications for policy and practice*. Luxembourg, Publications Office of the European Union. Available at: http://dx.doi. org/10.2791/715431 (Accessed 15 October 2021.)

Bocconi, S., Chioccariello, A., Dettori, G., Ferrari, A. and Engelhardt, K. 2016b. *Developing Computational Thinking: Approaches and Orientations in K-12 Education*. P. Kampylis and Y Punie, Y. (eds.). Luxembourg, Publications Office of the European Union. Available at: https://doi. org/10.2791/792158 (Accessed 15 October 2021.)

The Broadband Commission. 2014. *The State of Broadband 2014: Broadband for all*. Geneva, Broadband Commission. Available at: https://www.broadbandcommission.org/ Documents/reports/bb- annualreport2014.pdf (Accessed 15 October 2021.)

Catt, R. and Lau, J. 2008. *Towards Information Literacy Indicators*. Paris, UNESCO. Available at:

https:// unesdoc.unesco.org/ark:/48223/pf0000158723 (Accessed 15 October 2021.)

Cedefop. 2014. *EU Skills Panorama* (*2014*) *Adult Learning Analytical Highlight*. Thermi, Cedefop. Available at: http://skillspanorama.cedefop.europa.eu/sites/default/files/EUSP_AH_ AdultLearning_2.pdf (Accessed 15 October 2021.)

Commonwealth of Learning. 2005. *Perspectives on Distance Education: Lifelong Learning and Distance Higher Education*. C. McIntosh and Z. Varoglu (eds). Burnaby, Commonwealth of Learning. Available at: http: //oasis.col.org/handle/11599/70 (Accessed 15 October 2021.)

Commonwealth of Learning. 2009. *ICTs for higher education: background paper from the Commonwealth of Learning*. Burnaby, Commonwealth of Learning. Available at: https:// unesdoc.unesco.org/ark: /48223/pf0000183207 (Accessed 15 October 2021.)

Deichmann, U., Goyal, A. and Mishra, D. 2016. Will digital technologies transform agriculture in developing countries? *Agricultural Economics,* Vol. 47, No. S1. Toronto, International Association of Agricultural Economists, pp. 21-33.

Dunne, A., Ulicna, D., Murphy, I. and Golubeva, M. 2014. *Working with young people: the value of youth work in the European Union: Case Studies*. Brussels, European Commission. Available at: https://ec.europa. eu/assets/eac/youth/library/study/youth-work-case-studies_en.pdf (Accessed 15 October 2021.)

Ehlers, M., Schuwer, R. and Janssen, B. 2018. *Open Educational Resources for skills development*. Hamburg, UNESCO-UNEVOC International Centre. Available at: https://unevoc.unesco. org/up/OER-in-TVET. pdf (Accessed 15 October 2021.)

EQUALS and UNESCO. 2019. *I'd blush if I could: closing gender divides in digital skills through education*. Paris, UNESCO. Available at: https://unesdoc.unesco.org/ark748223/ pf0000367416 (Accessed 15 October 2021.)

Ertmer, P. A., Ottenbreit-Leftwich, A. T., Sadik, O., Sendurur, E. and Sendurur, P. 2012. Teacher beliefs and technology integration practices: A critical relationship. *Computers & Education,* Vol. 59, No. 2. Amsterdam, Elsevier Ltd., pp. 423-435.

European Commission. 2016. *A New skills agenda for Europe: Working together to strengthen human capital, employability and competitiveness*. Brussels, European

Commission. Available at: https://eur-lex. europa.eu/legal-content/en/ TXT/?uri=CELEX%3A52016DC0381 (Accessed 15 October 2021.)

——. 2017. *Zero-rating Practices in Broadband Markets.* Brussels, European Commission. Available at: https://ec.europa.eu/competition/publications/reports/kd0217687enn.pdf (Accessed 15 October 2021.)

European Union. 2016. *Regulation (EU) 2016/679 of the European Parliament and of the Council on the protection of natural persons with regard to the processing of personal data and on the free movement of such data.* Brussels, European Union. Available at: https://eur-lex. europa.eu/legal-content/EN/ TXT/PDF/?uri=CELEX:32016R0679&from=EN (Accessed 15 October 2021.)

Fadel, C., Bialik, M. and Trilling, B. 2015. *Four-Dimensional Education: The Competences Learners Need to Succeed.* Boston, Center for Curriculum Redesign. Available at: https:// curriculumredesign.org/ our-work/four-dimensional-21st-century-education-learning-competences-future-2030 (Accessed 15 October 2021.)

Ferguson, R. and Buckingham Shum, S. 2012. Social learning analytics: five approaches. *Proceedings of the 2nd International Conference on Learning Analytics and Knowledge.* Vancouver, Association for Computing Machinery, pp. 23-33.

Fraillon, J., Schulz, W. and Ainley, J. 2013. *International Computer and Information Literacy Study 2013: Assessment Framework.* Amsterdam, International Association for the Evaluation of Educational Achievement (IEA). Available at: https://www.iea.nl/studies/iea/icils/2013 (Accessed 15 October 2021.)

Fraillon, J., Ainley, J., Schulz, W., Friedman, T. and Gebhardt, E. 2014. *Preparing for Life in a Digital Age: The IEA International Computer and Information Literacy Study International Report.* Amsterdam, International Association for the Evaluation of Educational Achievement (IEA). Available at: https:// doi.org/10.1007/978-3-319-14222-7 (Accessed 15 October 2021.)

Global Partnership for Education. 2018. *Disability and Inclusive Education: A Stocktake of Education Sector Plans and GPE-Funded Grants.* Washington, DC, Global Partnership for Education. Available at: https://www.globalpartnership.org/content/disability-and-inclusive-education-stocktake- education-sector-plans-and-gpe-funded-grants

(Accessed 15 October 2021.)

——. 2019. *Results report 2019*. Washington, DC, Global Partnership for Education. Available at: https:// www.globalpartnership.org/content/results-report-2019 (Accessed 15 October 2021.)

GSMA. 2013. *Universal Service Fund Study*. London, GSMA. Available at: https://www. gsma.com/publicpolicy/wp-content/ uploads/2016/09/GSMA2013_Report_ SurveyOfUniversalServiceFunds.pdf (Accessed 18 October 2021.)

——. 2014. *Sub-Saharan Africa - Universal Service Fund study*. London, GSMA. Available at: https://www.gsma.com/publicpolicy/wp-content/uploads/2016/09/GSMA2014_ Report_ SubSaharanAfricaUniversalServiceFundStudy.pdf (Accessed 4 January 2022.)

——. 2020. *The Mobile Economy 2020*. London, GSMA. Available at: https://www.gsma.com/ mobileeconomy/wp-content/uploads/2020/03/GSMA_MobileEconomy2020_Global. pdf (Accessed 18 October 2021.)

Hinostroza, J. E., Ibieta, A., Claro, M. and Labbe, C. 2016. Characterisation of teachers' use of computers and internet inside and outside the classroom: The need to focus on the quality. *Education and Information Technologies,* Vol. 21, No. 6. New York, Springer, pp. 1595-1610.

Hinostroza, J. E. 2017. New challenges for ICT in education policies in developing countries: The need to account for the widespread use of ICT for teaching and learning outside the school. *ICT-Supported Innovations in Small Countries and Developing Regions: Perspectives and recommendations for International Education*. Lubin, I. A. New York, Springer, pp 99-119. Available at: https://doi. org/10.1007/978-3-319-67657-9_5 (Accessed 18 October 2021.)

Hofer, M., Duggan, J. and Moellendick, T. 2018. Promise and Parameters: Digital Badges for Ongoing Professional Learning. *Proceedings of Society for Information Technology & Teacher Education International Conference*. E. Langran and J. Borup (eds.). Washington, DC, Association for the Advancement of Computing in Education (AACE), pp. 171-179.

Holmes, W., Bialik, M. and Fadel, C. 2019. *Artificial Intelligence in Education. Promises and Implications for Teaching and Learning*. Boston, Center for Curriculum Redesign.

International Labour Organization. 2016. *World Employment and Social Outlook: Trends for Youth.* Geneva, International Labour Organization. Available at: http://www.ilo.org/wcmsp5/ groups/public/--- dgreports/---dcomm/---publ/documents/publication/wcms_513739. pdf (Accessed 18 October 2021.)

ITU. 2013. *Universal Service Fund and Digital Inclusion for All Study.* Geneva, International Telecommunication Union. Available at: https://www.itu.int/en/ITU-D/Digital-Inclusion/ Documents/USF_final-en.pdf (Accessed 18 October 2021.)

ITU and UNESCO. 2020. *The State of Broadband 2020: Tackling digital inequalities - A decade for action.* Geneva, International Telecommunication Union and United Nations Educational, Scientific and Cultural Organization. Available at: http://handle.itu. int/11.1002/pub/8165dc3c-en (Accessed 18 October 2021.)

Karippacheril, T. G. and Kim, S. 2016. *Bringing Government into the 21st Century: The Korean Digital Governance Experience.* Beschel Jr, R. P. and Choi, C. (eds). Washington, DC, World Bank Group. Available at: http://documents.worldbank.org/curated/ en/934391468011726182/Bringing- Government-into-the-21st-Century-The-Korean-Digital-Governance-Experience (Accessed 18 October 2021.)

Korea Education and Research Information Service. 2017. *White Paper on ICT in Education Korea 2017.* Daegu, Korea Education and Research Information Service. Available at: http://lib. keris.or.kr/bbs/ list/6 (Accessed 18 October 2021.)

Kim, C., Kim, M. K., Lee, C., Spector, J. M. and DeMeester, K. 2013. Teacher beliefs and technology integration. *Teaching and Teacher Education,* Vol. 29. Amsterdam, Elsevier Ltd., pp. 76-85.

KISTI. 2019. The Effect of Internet Addiction Prevention Program on Adolescents' Self-regulation -A Systematic Review and Meta-analysis. *Journal of Digital Convergence,* Vol. 17, No. 8. Daejeon, Korea Institute of Science and Technology Information (KISTI), pp. 347-355. Available at: https://doi. org/10.14400/JDC.2019.17.8.347 (Accessed 4 January 2022.)

Kreijns, K., Vermeulen, M., Kirschner, P. A., van Buuren, H. and Van Acker, F. 2013. Adopting the integrative model of behaviour prediction to explain teachers' willingness to use ICT: a perspective for research on teachers' ICT usage in pedagogical practices. *Technology, Pedagogy and Education,* Vol. 22, No. 1. London, Taylor & Francis, pp. 55-71.

Krumsvik, R. J. 2012. Teacher educators' digital competence. *Scandinavian Journal of Educational Research,* Vol. 58, No. 3. London, Taylor & Francis, pp. 269-280.

Laurillard, D. 1993. *Rethinking University Teaching: A Conversational Framework for the Effective Use of Learning Technologies.* London, Routledge.

Law, N., Pelgrum, W. J. and Plomp, T. 2008. *Pedagogy and ICT Use in Schools around the World: Findings from the IEA SITES2006 Study.* Amsterdam, Springer Netherlands.

Meneses, J., Fabregues, S., Rodriguez-Gomez, D. and Ion, G. 2012. Internet in teachers' professional practice outside the classroom: Examining supportive and management uses in primary and secondary schools. *Computers & Education,* Vol. 59, No. 3. Amsterdam, Elsevier Ltd, pp. 915-924.

Miao, F., Mishra, S. and McGreal, R. 2016. *Open educational resources: policy, costs, transformation.* Paris, UNESCO and Burnaby, Commonwealth of Learning. Available at: https://unesdoc. unesco.org/ ark:/48223/pf0000244365 (Accessed 18 October 2021.)

Miao, F., Mishra, S., Orr, D. and Janssen, B. 2019. *Guidelines on the development of open educational resources policies.* Paris, UNESCO and Burnaby, Commonwealth of Learning. Available at: https://unesdoc. unesco.org/ark:/48223/pf0000371129 (Accessed 18 October 2021.)

Miao, F., Holmes, W., Huang, R. and Zhang, H. 2021. *AI and education: guidance for policy-makers.* Paris, UNESCO. Available at: https://unesdoc.unesco.org/ark:/48223/pf0000376709 (Accessed 18 October 2021.)

Ministry of Education, China. 2020. *National Curriculum Standard* (*Grade 9-12*). Beijing, Ministry of Education. (In Chinese.) Available at: http://www.moe.gov.cn/srcsite/A26/s8001/202006/t20200603_462199.html (Accessed 18 October 2021.)

Ministry of Education, Chile. 2013. *Matriz de habilidades TIC para el aprendizaje.* Santiago, Ministerio de Educacion. (In Spanish.) Available at: https://bibliotecadigital.mineduc.cl/handle/20.500.12365/2165 (Accessed 19 October 2021.)

Ministry of Education, Youth and Sport, Cambodia. 2009. *Master Plan for Information and Communication Technology in Education.* Phnom Penh, Ministry of Education, Youth and Sport. Available at: https:// www.moeys.gov.kh/images/moeys/policies-and-strategies/145/master-plan-ict-in-education-en. pdf (Accessed 3 January 2022.)

Ministry of Information, Communications and Technology, Kenya. 2014. *The Kenya National ICT Masterplan.* Nairobi, Ministry of Information Communications and Technology. Available at: https://www.ict. go.ke/wp-content/uploads/2016/04/The-National-ICT-Masterplan.pdf (Accessed 19 October 2021.)

Musheer, Z. 2018. ICT as a catalyst for teaching-learning process: a meta-analysis study. *International Journal of Advanced Education and Research,* Vol. 3, No. 2. Delhi, Gupta Publications, pp. 61-64. Available at: http://www.alleducationjournal.com/archives/2018/vol3/issue2 (Accessed 19 October 2021.)

Nedelkoska, L. and Quintini, G. 2018. Automation, skills use and training. *OECD Social, Employment and Migration Working Papers,* No. 202. Paris, OECD. Available at: https://doi.org/10.1787/2e2f4eea-en (Accessed 19 October 2021.)

Ngozwana, N. 2017. Rehabilitating Ex-Offenders through Non-Formal Education in Lesotho. *IAFOR Journal of Education,* Vol. 5, No. 1. Aichi, IAFOR Publications, pp. 111-121. Available at: https://doi. org/10.22492/ije.5.1.06 (Accessed 19 October 2021.)

OECD. 2015. *Students, Computers and Learning: Making the Connection.* Paris, OECD Publishing. Available at: http://www.oecd.org/publications/students-computers-and-learning-9789264239555-en.htm (Accessed 19 October 2021.)

Pantea, M-C. 2016. On entrepreneurial education: Dilemmas and tensions in nonformal learning. *Studies in Continuing Education,* Vol. 38, No. 1. Milton Park, Routledge, pp. 86-100.

Park, W. I. 2006. Privacy Issues and Public Opinion in Korea. *Global Privacy Protection: The First Generation.* Cheltenham, Edward Elgar Publishing, pp. 305-326. J. B. Rule and G. Greenleaf (eds.). Available at: http://onepark.khu.ac.kr/Artcl/Priv_public_opinion_pr.pdf (Accessed 4 January 2022.)

Patru, M. and Balaji, V. 2016. *Making Sense of MOOCs: A Guide for Policy-makers in Developing Countries.* Paris, UNESCO and Burnaby, Commonwealth of Learning. Available at: https://unesdoc.unesco.org/ ark:/48223/pf0000245122 (Accessed 19 October 2021.)

Petersen, C. S., Ulfbeck, V. and Hansen, O. 2018. Platforms as Private Governance Systems - The Example of Airbnb. *Nordic Journal of Commercial Law,* Vol. 1. Aalborg, Denmark, pp. 38.

Available at: https://doi. org/10.5278/ojs.njcl.v0i1.2484 (Accessed 19 October 2021.)

Rogers, A. 2016. Global perspectives on recognizing non-formal and informal learning: Why recognition matters. *International Review of Education,* Vol. 62. Hamburg, UNESCO Institute of Lifelong Learning and Springer Open, pp. 127-129. Available at: https://doi. org/10.1007/s11159-016-9534-0 (Accessed 19 October 2021.)

Scanlon, E., Sharples, M., Fenton-O' Creevy, M., Fleck, J., Cooban, C., Ferguson, R., Cross, S. and Waterhouse, P. 2013. *Beyond prototypes: Enabling innovation in technology enhanced learning.* Milton Keynes, The Authors. Available at: http://oro.open.ac.uk/41119/1/BeyondPrototypes.pdf (Accessed 19 October 2021.)

Sharples, M. and Domingue, J. 2016. The Blockchain and Kudos: A Distributed System for Educational Record, Reputation and Reward. *European Conference on Technology Enhanced Learning.* Cham, Springer, pp. 490-496. K. Verbert, M. Sharples and T. Klobucar (eds.). Available at: http://dx.doi. org/10.1007/978-3-319-45153-4_48 (Accessed 19 October 2021.)

Shute, V. J. and Rahimi, S. 2017. Review of computer-based assessment for learning in elementary and secondary education. *Journal of Computer Assisted Learning,* Vol. 33, No. 1. Hoboken, NJ, Wiley, pp. 1-19.

Singh, M. 2015. Global Perspectives on Recognizing Non-formal and Informal Learning: Why Recognition Matters. *Technical and Vocational Education and Training: Issues, Concerns and Prospects*, Vol. 21. Basel, Springer Nature, p. 220. Available at: https://doi. org/10.1007/978-3-319-15278-3 (Accessed 19 October 2021.)

Timmis, S., Broadfoot, P., Sutherland, R. and Oldfield, A. 2016. Rethinking assessment in a digital age: opportunities, challenges and risks. *British Educational Research Journal,* Vol. 42, No. 3. Hoboken, NJ, Wiley, pp. 454-476.

Twinomugisha, A. 2006. *Understanding NRENs and key considerations for setting them up.* Amsterdam, GEANT Association. Available at: https://casefornrens.org/wp-content/uploads/2021/05/Understanding-NRENs-and-key-considerations-for-setting-them-up.pdf (Accessed 19 October 2021.)

UIL. 2012. *UNESCO Guidelines for the Recognition, Validation and Accreditation of the Outcomes of*

Non- formal and Informal Learning. Hamburg, UNESCO Institute for Lifelong Learning. Available at: https://unesdoc.unesco.org/ark:/48223/pf0000216360 (Accessed 19 October 2021.)

UIS. 2017. *Literacy Rates Continue to Rise from One Generation to the Next* (*Fact Sheet No. 45*). Montreal, UNESCO Institute for Statistics. Available at: http://uis.unesco.org/sites/ default/files/documents/ fs45-literacy-rates-continue-rise-generation-to-next- en-2017_0.pdf (Accessed 19 October 2021.)

——. 2018. *One in Five Children, Adolescents and Youth is Out of School* (*Fact Sheet No. 48*). Montreal, UNESCO Institute for Statistics. Available at: http://uis.unesco.org/sites/default/ files/documents/ fs48-one-five-children-adolescents-youth-out-school-2018-en.pdf (Accessed 19 October 2021.)

UNESCO. 2011. *Transforming Education: The Power of ICT Policies.* Paris, UNESCO. Available at: https:// unesdoc.unesco.org/ark:/48223/pf0000211842 (Accessed 19 October 2021.)

——. 2012. *Transforming technical and vocational education and training: building skills for work and life: Shanghai consensus.* Paris, UNESCO. Available at: https://unesdoc.unesco.org/ arky48223/ pf0000217683 (Accessed 19 October 2021.)

——. 2013. *Malaysia: education policy review; abridged report.* Paris, UNESCO. Available at: https:// unesdoc.unesco.org/ark:/48223/pf0000221132 (Accessed 4 January 2022.)

——. 2015a. *Qingdao Declaration, 2015: Seize Digital Opportunities, Lead Education Transformation.* Paris, UNESCO. Available at: https://unesdoc.unesco.org/ark:/48223/ pf0000233352 (Accessed 19 October 2021.)

——. 2015b. *Incheon Declaration: Education 2030: Towards inclusive and equitable quality education and lifelong learning for all.* Paris, UNESCO. Available at: https://unesdoc.unesco.org/ arfc/48223/ pf0000233813 (Accessed 19 October 2021.)

——. 2015c. *Leveraging information and communication technologies to achieve the Post-2015 Education goal: report of the International Conference on ICT and Post-2015 Education.* Paris, UNESCO. Available at: https://unesdoc.unesco.org/arkr/48223/pf0000243076 (Accessed 19 October 2021.)

——. 2015d. *Proposal for the Revision of the 2001 Revised Recommendation concerning Technical and Vocational Education*. Paris, UNESCO. Available at: https://unesdoc.unesco.org/arkr/48223/ pf0000234137 (Accessed 19 October 2021.)

——. 2015e. *Mobile Phones and Literacy. Empowerment in Women's Hands.* Paris, UNESCO. Available at: https://unesdoc.unesco.org/ark:/48223/pf0000234325 (Accessed 19 October 2021.)

——. 2016a. *Diverse Approaches to Developing and Implementing Competency-based ICT Training for Teachers: A Case Study,* Vol. 1. Paris, UNESCO. Available at: https://unesdoc.unesco.org/ark:/48223/ pf0000246003 (Accessed 19 October 2021.)

——. 2016b. *Strategy for Technical and Vocational Education and Training (TVET), (2016-2021).* Paris, UNESCO. Available at: https://unesdoc.unesco.org/ark:/48223/pf0000245239 (Accessed 19 October 2021.)

——. 2016c. *Education for people and planet: creating sustainable futures for all.* Paris, UNESCO. Available at: https://unesdoc.unesco.org/ark:/48223/pf0000245752 (Accessed 19 October 2021.)

——. 2016d. *Education 2030: Incheon Declaration and Framework for Action for the implementation of Sustainable Development Goal 4: Ensure inclusive and equitable quality education and promote lifelong learning for all.* Paris, UNESCO. Available at: https://unesdoc.unesco.org/ark:/48223/ pf0000245656 (Accessed 19 October 2021.)

——. 2016e. *Open educational resources: policy, costs, transformation.* Paris, UNESCO. Available at: https://unesdoc.unesco.org/ark:/48223/pf0000244365 (Accessed 3 January 2022.)

——. 2017a. *ICT Transforming Education in Africa: UNESCO KFIT Project.* Paris, UNESCO. Available at: https://unesdoc.unesco.org/ark:/48223/pf0000260523 (Accessed 19 October 2021.)

——. 2017b. *Working Group on Education: Digital skills for life and work.* Paris, UNESCO. Available at: https://unesdoc.unesco.org/ark:/48223/pf0000259013 (Accessed 19 October 2021.)

——. 2018a. *Re-orienting Education Management Information Systems (EMIS) towards inclusive and equitable quality education and lifelong learning.* Paris, UNESCO. Available at: https:// unesdoc. unesco.org/ark:/48223/pf0000261943 (Accessed 19 October 2021.)

——. 2018b. *A lifeline to learning: Leveraging mobile technology to support education for refugees.* Paris, UNESCO. Available at: https://unesdoc.unesco.org/ark:/48223/pf0000261278

(Accessed 19 October 2021.)

——. 2018c. *UNESCO ICT Competency Framework for Teachers* (*version 3*). Paris, UNESCO. Available at: https://unesdoc.unesco.org/ark:/48223/pf0000265721 (Accessed 19 October 2021.)

——. 2019a. *Beijing Consensus on Artificial Intelligence and Education.* Paris, UNESCO. Available at: https://unesdoc.unesco.org/ark:/48223/pf0000368303 (Accessed 19 October 2021.)

——. 2019b. *Recommendation on Open Educational Resources* (*OER*). Paris, UNESCO. Available at: http:// portal.unesco.org/en/ev.php-URL_ID=49556&URL_DO=DO_TOPIC&URL_SECTION=201.html (Accessed 19 October 2021.)

——. 2019c. *Classroom revolution through SMART education in the Republic of Korea: case study by the UNESCO-Fazheng project on best practices in mobile learning.* Paris, UNESCO. Available at: https:// unesdoc.unesco.org/ark:/48223/pf0000366729 (Accessed 3 January 2022.)

——. 2019d. *Improving quality and relevance of education through mobile learning in Rwanda: a promise to deliver: case study by the UNESCO-Fazheng project on best practices in mobile learning.* Paris, UNESCO. Available at: https://unesdoc.unesco.org/ark:/48223/pf0000369044 (Accessed 3 January 2022.)

——. 2019e. *Artificial intelligence in education, compendium of promising initiatives: Mobile Learning Week 2019.* Paris, UNESCO. Available at: https://unesdoc.unesco.org/ark:/48223/pf0000370307 (Accessed 4 January 2022.)

——. 2019f. *UNESCO strategy for youth and adult literacy* (*2020-2025*). Paris, UNESCO. Available at: https://unesdoc.unesco.org/ark:/48223/pf0000371411 (Accessed 4 January 2022.)

——. 2020a. *UNESCO and the promise of gender equality: key actions of 2018 and 2019.* Paris, UNESCO. Available at: https://unesdoc.unesco.org/ark:/48223/pf0000372716 (Accessed 19 October 2021.)

——. 2020b. *UNESCO COVID-19 education response: how many students are at risk of not returning to school? Advocacy paper.* Paris, UNESCO. Available at: https://unesdoc.unesco.org/ark748223/ pf0000373992 (Accessed 19 October 2021.)

———. 2020c. *Global Education Monitoring Report 2020: Inclusion and education: All means all.* Paris, UNESCO. Available at: https://unesdoc.unesco.org/ark:/48223/pf0000373718 (Accessed 19 October 2021.)

———. 2020d. *Ensuring Effective Distance Learning during COVID-19 Disruption: Guidance for Teachers.* Paris, UNESCO. Available at: https://unesdoc.unesco.org/ark:/48223/pf0000375116 (Accessed 19 October 2021.)

———. 2020e. *Artificial intelligence and inclusion, compendium of promising initiatives: Mobile Learning Week 2020.* Paris, UNESCO. Available at: https://unesdoc.unesco.org/ark:/48223/pf0000374644 (Accessed 4 January 2022.)

———. 2020f. *OpenEMIS: external evaluation summary.* Paris, UNESCO. Available at: https://unesdoc. unesco.org/ark:/48223/pf0000374709 (Accessed 4 January 2022.)

———. 2021a. *Draft text of the Recommendation on the Ethics of Artificial Intelligence.* Paris, UNESCO. Available at: https://unesdoc.unesco.org/ark:/48223/pf0000377897 (Accessed 19 October 2021.)

———. 2021b. *International Forum on AI and the Futures of Education, developing competencies for the AI Era, 7-8 December 2020: synthesis report.* Paris, UNESCO. Available at: https://unesdoc.unesco.org/ ark:/48223/pf0000377251 (Accessed 4 January 2022.)

———. 2021c. *Understanding the impact of COVID-19 on the education of persons with disabilities: challenges and opportunities of distance education: policy brief.* Paris, UNESCO. Available at: https:// unesdoc.unesco.org/ark:/48223/pf0000378404 (Accessed 4 January 2022.)

———. 2021d. *Reimagining our futures together: a new social contract for education.* Paris, UNESCO. Available at: https://unesdoc.unesco.org/ark:/48223/pf0000379707 (Accessed 4 January 2022.)

UNESCO and the Commonwealth of Learning. 2009. *ICTs for Higher Education: background paper from the Commonwealth of Learning.* Paris, UNESCO and Burnaby, Commonwealth of Learning. Available at: https://unesdoc.unesco.org/ark:/48223/pf0000183207 (Accessed 19 October 2021.)

———. 2017. *Using ICTs and Blended Learning in Transforming TVET.* Paris, UNESCO and Burnaby, Commonwealth of Learning. Available at: https://unesdoc.unesco.org/ark:/48223/

pf0000247495 (Accessed 19 October 2021.)

UNESCO IITE. 2010. *E-Learning in the Republic of Korea.* Paris, UNESCO Institute for Information Technologies in Education (IITE). Available at: https://iite.unesco.org/pics/publications/en/files/3214677.pdf (Accessed 4 January 2022.)

UNESCO Institute for Statistics. 2011. ISCED 2011 *Operational Manual Guidelines for classifying national education programmes and related qualifications.* Montreal, UNESCO Institute for Statistics. Available at: https://uis.unesco.org/sites/default/files/documents/isced-2011-operational-manual-guidelines-for-classifying-national-education-programmes-and-related-qualifications-2015-en_1.pdf (Accessed 15 October 2021.)

UNESCO, UNICEF and the World Bank. 2020. *Overview of findings from a (UNESCO-UNICEF-World Bank joint) survey of ministries of education on national responses to COVID-19.* Montreal, UNESCO Institute for Statistics. Available at: http://tcg.uis.unesco.org/wp-content/uploads/sites/4/2020/10/National- Education-Responses-to-COVID-19-WEB-final_EN.pdf (Accessed 19 October 2021.)

UNHCR. 2016. *Missing out: Refugee education in crisis.* Geneva, UNHCR. Available at: http://www.unhcr.org/ publications/education/57d9d01d0/missing-refugee-education-crisis.html (Accessed 19 October 2021.)

Valdes-Cotera, R., Longworth, N., Lunardon, K., Wang, M., Jo, S. and Crowe, S. 2015. *Unlocking the Potential of Urban Communities: Case Studies of Twelve Learning Cities.* Paris, UNESCO. Available at: https:// unesdoc.unesco.org/ark:/48223/pf0000234536 (Accessed 19 October 2021.)

Viriyapong, R. and Harfield, A. 2013. Facing the challenges of the One-Tablet-Per-Child policy in Thai primary school education. *International Journal of Advanced Computer Science and Applications (IJACSA),* Vol. 4, No. 9. Cleckheaton, The Science and Information (SAI) Organization Limited, pp. 176-184. Available at: http://dx.doi.org/10.14569/IJACSA.2013.040928 (Accessed 4 January 2022.)

Vuorikari, R., Punie, Y., Carretero Gomez, S., and Van Den Brande, G. 2016. *DigComp 2.0: The Digital Competence Framework for Citizens.* Seville, European Union. Available at: http://dx.doi. org/10.2791/607218 (Accessed 19 October 2021.)

Wang, S.-K., Hsu, H.-Y., Campbell, T., Coster, D. C. and Longhurst, M. 2014. An investigation of middle school science teachers and students use of technology inside and outside of classrooms: considering whether digital natives are more technology savvy than their teachers. *Educational Technology Research and Development,* Vol. 62, No. 6. New York, Springer, pp. 637-662.

WHO. 2011. *World Report on Disability.* Geneva, World Health Organization (WHO), p. 205. Available at: https://www.who.int/teams/noncommunicable-diseases/sensory-functions-disability-and- rehabilitation/world-report-on-disability (Accessed 4 January 2022.)

——. 2021. *Disability and Health.* Geneva, World Health Organization (WHO). Available at: https://www. who.int/en/news-room/fact-sheets/detail/disability-and-health (Accessed 4 January 2022.)

Yahya, S., Ahmad, A. E. and Jalil, K. A. 2010. The definition and characteristics of ubiquitous learning: A discussion. *International Journal of Education and Development using Information and Communication Technology(IJEDICT),*Vol. 6, No. 1. Cavehill, University of the West Indies Distance Education Centre, pp. 117-127. Available at: http://ijedict.dec. uwi.edu/include/getdoc. php?id=4843&article=785&mode=pdf (Accessed 19 October 2021.)

缩略语

概念和技术

AI	Artificial intelligence	人工智能
AR	Augmented reality	增强现实
BYOD	'Bring your own device' – students accessing learning systems using personal mobile devices such as smartphones, tablets and laptops	"自带设备"——学生使用个人移动设备（如智能手机、平板电脑和笔记本电脑）访问学习系统
CAD	Computer-aided design	计算机辅助设计
CAI	Computer-assisted instruction	计算机辅助教学
CBO	Community-based organization	社区组织
CD-ROM	Compact disc read-only memory	只读存储光盘
CMS	Content management system	内容管理系统
DIGCOMP	Framework for Developing and Understanding Digital Competence in Europe	欧洲数字能力框架
EMIS	Educational management information systems	教育管理信息系统
GDPR	General Data Protection Regulation	通用数据保护条例
HE	Higher education	高等教育
HEI	Higher education institution	高等教育机构
ICT	Information and communication technologies	信息与通信技术
ICT CFT	UNESCO ICT Competency Framework for Teachers	联合国教科文组织教师信息和通信技术能力框架
IP	Intellectual property	知识产权
IRT	Item response theory	项目反应理论
K-12	Kindergarten to 12th grade	幼儿园至高中阶段

KPI	Key performance indicator	关键业绩指标
LDC	Least developed countries	最不发达国家
LMS	Learning management system	学习管理系统
M&E	Monitoring and evaluation	监测和评估
Metaverse	Meta-universe, a future version of the internet where virtual, persistent and shared spaces are accessible in 3D	元宇宙，即未来互联网的一种形式，能够以 3D 形式访问虚拟、持久和共享的空间
MOOC	Massive open online course	大规模开放在线课程（慕课）
NEIS	National Education Information System	韩国国家教育信息系统
NfE	Non-formal education	非正规教育
NREN	National Research and Education Network	国家研究与教育网络
ODeL	Open Distance and eLearning	开放与远程学习
ODFL	Open, distance and flexible learning	开放型远程灵活学习模式
OER	Open educational resources	开放教育资源
OTPC	One tablet per child	一学童一平板
QA	Quality assurance	质量保障
SDG	UN Sustainable Development Goal	联合国可持续发展目标
SMS	Short message service （i.e. mobile phone texts）	短信息服务（例如：手机短信）
STEM	Science, technology, engineering and mathematics	科学、技术、工程和数学
TCO	Total cost of ownership	总体拥有成本
TVET	Technical and vocational education and training	技术和职业教育与培训
UDL	Universal design for learning	全方位课程设计
USF	Universal service funds	（网络）普及服务基金
UUID	Unique user identifiers	通用唯一识别码
VLE	Virtual learning environment	虚拟学习环境

VR	Virtual reality	虚拟现实
WBI	Web-based instruction	网络教学

组织

APEID	Asia-Pacific Programme of Educational Innovation for Development	亚太地区教育创新发展计划
APNNIC	Asia-Pacific Network of National Information Centres	亚太地区国家信息中心网络
CARNET	Croatian Academic and Research Network	克罗地亚学术与研究网络
Cetic.br	Regional Center for Studies on the Development of the Information Society of Brazil	巴西信息社会发展地区研究中心
CGI.br	Brazilian Internet Steering Committee	巴西互联网指导委员会
CSF	Community Systems Foundation	社区系统基金会
DIZ	Digital Innovation Zone	数字创新区
EFA	Education for All	全民教育
ENACOM	National Communications Entity	（阿根廷）国家通信监管局
ERNET	Education and Research Network	（印度）教育与研究网络
EU	European Union	欧洲联盟
IBGE	Brazilian Geography and Statistics Institute	巴西地理和统计研究所
ICILS	International Computer and Information Literacy Study	国际计算机与信息素养研究
IGNOU	Indira Gandhi National Open University	印度甘地国家开放大学
Inep	National Institute of Educational Studies and Research Anísio Teixeira	（巴西）国家教育研究院
ITU	International Telecommunication Union	国际电信联盟
UNESCO IITE	Institute for Information Technologies in Education	联合国教科文组织教育信息技术研究所

UNESCO KFIT	UNESCO-Korea Funds-in-Trust project	联合国教科文组织韩国信托基金项目
KNET	Kenyan Educational Network	肯尼亚教育网络
MCDE	Malawi College of Distance Education	马拉维远程大学
METEOR	Multimedia Technology Enhancement Operations Sendirian Berhad	多媒体技术强化操作私人公司
MOE	Ministry of Education	教育部
NIC.br	Brazilian Network Information Center	巴西网络信息中心
OUM	Open University Malaysia	马来西亚开放大学
SANReN	South African National Research Network	南非国家研究网络
SingAREN	Singapore Advanced Research and Education Network	新加坡高级研究与教育网络
TAESTP	Singapore's Training and Adult Education Sector Plan	新加坡培训与成人教育部门规划
UNED	National Distance Education University	（西班牙）国立远程教育大学
WHO	World Health Organization	世界卫生组织

尾注

1   关于"数字化学习"的实用解读，参见https://www.cipd.co.uk/knowledge/fundamentals/people/development/digitallearning-factsheet#gref

2   关于"（在线和线下融合的）混合式学习"的实用解读，参见 see https://resources.owllabs.com/blog/hybrid-learning

3   关于"（面授和远程教学互补的）混合式学习"的实用解读，参见 https://elmlearning.com/blended-learning-everything-need-know

4   http://www.edu.cn/html/info/10plan/ghfb.shtml#fb03

5   https://www.portaldogoverno.gov.mz/por/Governo/Documentos/Estrategias/Tecnologias-e-Informacao

6   https://www.moe.gov.sg/education-in-sg/educational-technology-journey

7   https://www.universityworldnews.com/post.php?story=20200210064903949

8   联合国总干事发出教育灾难预警，意指联合国教科文组织估计有2400万学习者面临辍学风险: https://en.unesco.org/news/secretary-general-warns-education-catastrophe-pointing-unesco-estimate-24-millionlearners-risk

9   https://en.unesco.org/icted/home

10   https://en.unesco.org/icted

11   https://www.broadbandcommission.org/manifesto

12   https://en.unesco.org/news/startling-digital-divides-distance-learning-emerge

13   https://www.worldbank.org/en/topic/edutech/brief/how-countries-are-using-edtech-to-support-remote-learning-during-thecovid-19-pandemic

14   https://moey.gov.jm

15   https://darsak.gov.jo

16   https://en.unesco.org/news/building-bandwidth-accelerating-girls-digital-access-skills-and-online-learning

17   https://en.unesco.org/covid19/educationresponse/solutions

18   https://m-shule.com

19   https://www.ubongo.org

20   https://www.ustadmobile.com/lms

21 https://www.instagram.com/iboxgh

22 https://learningequality.org/kolibri

23 https://www.ruangguru.com

24 https://smart.com.ph/About/learnsmart/programs-projects/school-in-a-bag

25 https://digitallibrary.io

26 https://www.africanstorybook.org

27 https://www.worldreader.org

28 https://www.oreilly.com/pub/a/web2/archive/what-is-web-20.html

29 https://www.google.com/drive

30 https://docs.qq.com

31 https://www.facebook.com

32 https://www.wechat.com

33 https://www.youtube.com

34 https://www.tiktok.com

35 https://www.khanacademy.org

36 https://www.sixthtone.com/news/1502/how-wechat-changing-online-learning-we-know-it

37 https://www.unicef.org/end-violence/how-to-stop-cyberbullying

38 https://zoom.us

39 https://page.dingtalk.com/wow/dingtalk/act/en-home

40 https://www.microsoft.com/en-us/education/products/teams

41 https://moodle.org

42 https://www.blackboard.com

43 https://www.schoology.com

44 https://www.futurelearn.com

45 关于一些主要前沿技术的实用解读，参见 https://www.simplilearn.com/top-technology-trends-andjobs-article

46 例如 https://eonreality.com/eon-reality-education and https://edu.google.com/products/vr-ar

47 例如 https://www.oculus.com

48 https://en.wikipedia.org/wiki/Metaverse

49 例如 https://www.vrmonkey.com.br

50 相关深入讨论，参见联合国教科文组织即将发布的出版物《教育与区块链》。

51　https://www.unic.ac.cy/iff/blockchain-certificates

52　https://www.cryptoninjas.net/2019/02/25/malta-rolls-out-blockcerts-blockchain-credentials-for-education-and-employment

53　https://ec.europa.eu/cefdigital/wiki/display/CEFDIGITAL/EBSI

54　https://consumer.huawei.com/be-fr/campaign/storysign/

55　https://www.changedyslexia.org/

56　https://analyse.kmi.open.ac.uk

57　https://en.unesco.org/themes/ict-education/ai-futures-learning

58　https://en.unesco.org/futuresofeducation/

59　https://en.unesco.org/artificial-intelligence/ethics

60　https://www.itu.int/en/mediacentre/backgrounders/Pages/digital-inclusion-of-all.aspx

61　https://en.unesco.org/generation-equality/technology

62　https://en.unesco.org/icted/resource-search-results

63　https://supchina.com/2019/09/06/china-to-curb-facial-recognition-technology-in-schools

64　https://www.iapc.or.kr/eng/index.do

65　https://en.unesco.org/news/how-china-ensuring-learning-when-classes-are-disrupted-coronavirus

66　https://en.unesco.org/news/unesco-partners-huawei-support-building-technology-enabled-open-school-systems-egypt-ethiopia

67　https://flia.org/wp-content/uploads/2017/07/A-New-Generation-of-Artificial-Intelligence-Development-Plan-1.pdf

68　https://en.unesco.org/icted

69　联合国教科文组织领导的一支国际专家团队2013年曾对马来西亚教育政策，包括该国的教育信息化政策进行过评估（UNESCO，2013）。

70　https://ec.europa.eu/info/law/law-topic/data-protection/reform/what-does-general-data-protection-regulation-gdpr-govern_en

71　https://www.ftc.gov/enforcement/rules/rulemaking-regulatory-reform-proceedings/childrens-online-privacy-protection-rule

72　https://nelc.gov.sa/en/standards

73　https://www.keris.or.kr/main/main.do

74　https://nelc.gov.sa/en/nelc

75　更多信息参见：https://www.dlplanning.ie

76　https://en.unesco.org/news/expert-group-meeting-best-practices-mobile-learning

77   https://en.unesco.org/news/unesco-partners-huawei-support-building-technology-enabled-open-school-systems-egypt-ethiopia

78   https://education.ec.europa.eu/selfie

79   https://en.unesco.org/themes/ict-education/mobile-learning/fazheng

80   https://www.mooc.org

81   https://apnnic.net

82   https://www.oum.edu.my

83   https://www.surf.nl

84   https://www.jisc.ac.uk

85   https://www.carnet.hr

86   https://sanren.ac.za

87   https://www.kenet.or.ke

88   https://en.wikipedia.org/wiki/ERNET

89   https://www.singaren.net.sg

90   https://www.casefornrens.org/Pages/Home.aspx

91   https://www.skillsfuture.gov.sg/skills-framework/tae

92   https://www.skillsfuture.gov.sg/

93   https://epale.ec.europa.eu/en/content/digital-and-media-literacy-young-people-disabilitieshandicap

94   https://www.huawei.com/en/tech4all/stories/digitruck

95   https://comosaconnect.org/malawi-college-of-distance-education-mcde http://colfinder.net/materials/Supporting_Distance_Education_Through_Policy_Development/resources/worldbank/Policy/national/p22amal.htm

96   https://www.unhcr.org/ke/11851-refugee-girls-kakuma-camp-attend-ict-bootcamp.html

97   https://www.tshimologong.joburg

98   https://www.biztechafrica.com/article/mobisol-mtn-rwanda-launch-smart-phone-affordable-p/12280

99   https://telecomsconnect.withgoogle.com/casestudy/pamoja

100   https://myren.net.my

101   http://www.suin.edu.sd

102   https://www.geant.org

103   https://www.battelleforkids.org/networks/p21

104   https://www.kidaptive.com/

105　https://www.learninganalytics.fi/en/ville

106　https://en.unesco.org/themes/ict-education/ict-education-prize/2020

107　https://www.moe.gov.sg/education-in-sg/educational-technology-journey/edtech-plan

108　https://flexiblelearning.auckland.ac.nz/learning_technologies_online/6/1/html/course_
　　　files/1_1.html

109　泛在学习，又称"u-learning"，指的是通过泛在技术使任何人都能够随时随地学
　　　习。泛在学习的定义和特征仍然含混未明，在学术界仍有争议。基于泛在学习的
　　　不同定义和不同特征，研究者往往对其原始内涵产生误会和错误理解（Yahya，
　　　2010）。

110　https://en.unesco.org/covid19/educationresponse/nationalresponses

111　https://start.me/p/QRDO7R/find-oer

112　https://www.openwa.org/find-oer/

113　https://dr.ntu.edu.sg

114　https://edshare.soton.ac.uk/

115　https://www.open.edu/openlearn/

116　https://nelc.gov.sa/en/resource/618

117　https://www.quora.com/What-is-the-best-live-streaming-video-site-for-giving-a-class

118　https://blog.hootsuite.com/beginners-guide-to-content-curation

119　http://uis.unesco.org/en/news/uis-data-release-features-new-sdg-4-indicators-and-
　　　disaggregated-dimensions

120　https://genie.deakin.edu.au/

121　https://www.anep.edu.uy

122　https://www.neis.go.kr

123　https://www.openemis.org/downloads

出 版 人　郑豪杰
责任编辑　翁绮睿
版式设计　京久科创　孙欢欢
责任校对　张晓雯
责任印制　米　扬

图书在版编目（CIP）数据

教育信息化政策和总体规划论纲 / 联合国教科文组
织著；苗逢春等译. —北京：教育科学出版社，
2023.11（2024.3重印）
　书名原文：Guidelines for ICT in education
policies and masterplans
　ISBN 978-7-5191-3584-3

　Ⅰ. ①教… 　Ⅱ. ①联… 　②苗… 　Ⅲ. ①教育工作—信
息化—教育政策—总体规划—世界 　Ⅳ. ①G510

中国国家版本馆CIP数据核字（2023）第197532号

教育信息化政策和总体规划论纲

JIAOYU XINXIHUA ZHENGCE HE ZONGTI GUIHUA LUNGANG

出 版 发 行	教育科学出版社			
社　　　址	北京·朝阳区安慧北里安园甲9号	邮　　编	100101
总编室电话	010-64981290	编辑部电话	010-64981167
出版部电话	010-64989487	市场部电话	010-64989572
传　　　真	010-64891796	网　　址	http://www.esph.com.cn
经　　　销	各地新华书店		
制　　　作	北京京久科创文化有限公司		
印　　　刷	保定市中画美凯印刷有限公司		
开　　　本	720毫米×1020毫米　1/16	版　　次	2023年11月第1版
印　　　张	11.25	印　　次	2024年3月第2次印刷
字　　　数	189千	定　　价	55.00元